Las francesas
no se hacen liftings

LAS FRANCESAS
NO SE HACEN LIFTINGS

Mireille Guiliano

Traducción de Laura Paredes

GRUPO ZETA

Barcelona • Madrid • Bogotá • Buenos Aires • Caracas • México D.F. • Miami • Montevideo • Santiago de Chile

Título original: *French Women Don't Get Facelifts*
Traducción: Laura Paredes
1.ª edición: julio 2014

© 2013, Mireille Guiliano
© Ediciones B, S. A., 2014
   Consell de Cent, 425-427 - 08009 Barcelona (España)
   www.edicionesb.com

Printed in Spain
ISBN: 978-84-666-5481-4
DL B 11599-2014

Impreso por Novagràfic, S.L.

Personne n'est jeune après quarante ans mais on peut être irrésistible à tout âge.

Nadie es joven pasados los cuarenta, pero se puede ser irresistible a cualquier edad.

COCO CHANEL (1883-1971)

Introducción

Envejecer con actitud positiva

El verano pasado, mi novio de la Provenza, un chaval guapo, dinámico y arrollador de tres años y medio, medio francés y medio indio, me dijo: «Eres vieja.» «Pues sí», respondí. ¿Qué otra cosa podía decirle? Naturalmente, a los ojos de un crío, cualquiera que pase de los cuarenta ya lo es. Su padre, horrorizado, se disculpó, pero lo cierto es que tengo sesenta y pico, y me miro en el espejo. Ahora, cuando tomo el TGV me hacen descuento por mi edad. Pero sigo viajando deprisa.

Lo que pasa, sin embargo, es que mentalmente no me siento vieja. No pienso en la edad, aunque a veces la noto... y la veo. En mi mente es como si no tuviera edad o, por lo menos, como si tuviera la que me pongo a mí misma en las imágenes de mis recuerdos. De hecho, cuando miro fotos antiguas viajo en el tiempo y engaño a los años viviéndolas como si fueran el presente.

La cosa es que al viajar en el TGV me doy cuenta de que soy más feliz que nunca. Y eso me sorprende. A la gente le aterra envejecer o sentirse vieja, pero hoy en día se es viejo a los noventa, no a los sesenta, ni siquiera a los setenta. Desde luego, no soy la única que descubre que envejecer tiene muchas cosas positivas. En eso, seguramente debido a mi origen, me parezco a los franceses. Estadísticamente, son las personas de entre sesenta y setenta años que se sienten más felices. No soy una excepción. Según los expertos, es algo que tiene que ver con la madurez, que permite a las personas, tanto hombres como mujeres, tomar las decisiones que les convienen o les dejan satisfechos con lo que tienen. Desde luego, a esta edad lo que vamos a ser nos preocupa mucho menos que lo que somos. No aspiramos a otro empleo ni a otra profesión, nuestra posición social está afianzada y hemos llegado a aceptar nuestras apetencias y limitaciones. Y las mujeres no tenemos que aguantar el periodo ni el síndrome premenstrual.

En Estados Unidos vivo inmersa en una cultura obsesionada por la juventud y orientada a la consecución de resultados. Debido a ello la vejez suele presentarse desde un punto de vista negativo. Las personas de edad avanzada no somos tan hábiles a la hora de realizar diversas tareas al mismo tiempo y no nos vemos tan bien haciéndolas. Pero ¿qué tiene eso de malo? Tengo una amiga de noventa y cuatro años que a veces me dice: «Envejecer es un asco.» Bueno, hay quien afirma lo mismo sobre la adolescencia. La gente de edad muy avanzada siempre me obliga a pensar qué puedo hacer ahora a fin de estar mejor preparada para disfrutar de las siguientes etapas de mi vida. Tanto los economistas como los sociólogos y los psicólogos tratan de identificar los factores que permiten estar *satisfaits*, es decir, satisfechos, como llaman los franceses a esta forma más moderada de ser felices. Me sorprendió descubrir que los estudios efectuados revelan que entre los veinte y los cincuenta años es cuando somos menos felices y que posiblemente el periodo menos feliz de todos se sitúe entre los cuarenta y cinco y los cincuenta años, edad a partir de la cual empieza a aumentar la cantidad de personas satisfechas hasta bien entrados los setenta. De modo que celebra bien tu quincuagésimo aniversario porque señala un nuevo inicio hacia la felicidad.

Entre los treinta y los cincuenta años no pensaba en envejecer. Vivía sobre todo el presente, e intentaba vivirlo al máximo. Procuraba, eso sí, llevar un estilo de vida saludable. Y en mis cuatro libros sobre el tema, tres de ellos especialmente orientados a establecer una buena relación con la comida y con uno mismo, compartí algunas de las lecciones que aprendí a lo largo del camino. Pero eso es solo una parte del arte y la alegría de vivir.

Genéticamente, mi esperanza de vida es muy larga, de modo que quiero saber cómo combatir el envejecimiento para disfrutar al máximo. Y sé que no soy la única. Mi amiga, que nunca imaginó que llegaría a los noventa y cuatro, no se preparó para las etapas más avanzadas de la vida como voy a hacerlo yo. No pienso tanto en vivir mucho como en tener buen aspecto y sentirme bien de salud en las próximas décadas.

Nuestro mundo encanece: Europa está envejeciendo. Estados Unidos está envejeciendo. China y otros países están envejeciendo. Yo pertenezco a la generación del *baby boom*, y la realidad es que cada día más de siete mil estadounidenses cumplen sesenta y cinco años. En 2030, el dieciocho por ciento de los estadounidenses superará esa edad frente al doce por ciento actual. Esta tendencia es aplicable a la mayoría de países. En 2025, una tercera parte de la población japonesa será mayor de sesenta y cinco años.

Dada la acogida que tuvieron mis libros sobre un buen estilo de vida y tal vez debido al hecho de haber nacido en Francia, a menudo me piden consejos sobre cómo «envejecer con dignidad», expresión que no me gusta. Yo creo en «envejecer con una actitud positiva».

Gracias al hecho de vivir entre dos culturas, la de mi Francia natal y la de Estados Unidos, mi país de adopción, y a que viajo constantemente por el resto del mundo, a veces puedo ver con claridad las ventajas (y locuras) de cada cultura y contar lo que parece funcionar bien, y no tan bien, a otras mujeres. Como los liftings y otros tipos de cirugía estética.

En todo el mundo, la cirugía estética se está convirtiendo casi en una religión, y mucha gente peregrina a la consulta del médico hasta tener la piel tan tirante como una blusa demasiado ceñida y lucir una sonrisa petrificada. Francia, un país que siente devoción por la belleza femenina y donde las mujeres de cierta edad son modelos del deseo, la elegancia y la seducción, no es tierra de liftings como Corea del Sur o Estados Unidos, por ejemplo. Las francesas quieren ofrecer un aspecto más natural, así que optan por cremas y exfoliantes, y si bien algunas usan un poco de Botox o de algún otro «rellenador», no es menos cierto que procuran estar pendientes de lo que comen y visten antes de recurrir al bisturí del cirujano. Y cuando utilizan un poco de magia médica, suele tratarse de liposucciones.

La cirugía estética no desaparecerá, claro; irá en aumento, y no voy a luchar contra molinos de viento. Según las estadísticas, a las asiáticas, por mencionar un grupo, les entusiasma. Igual que en su día aprendimos a vivir con el aire acondicionado (lo tienen el ochenta y siete por ciento de los hogares estadounidenses), y a no querer apagarlo sino a usar de modo más eficiente e inteligente los controles de la climatización, la gente no prescindirá de la cirugía estética, que tiene más de cuatro mil años de antigüedad. Pero este recurso no nos rejuvenecerá ni nos alargará la vida. Para algunas personas forma parte de una imagen holística. Yo, para envejecer con una actitud positiva, prefiero actuar primero de dentro hacia fuera, en lugar de hacerlo de fuera hacia dentro.

Cuando echas un vistazo a la segunda mitad de tu existencia, conviene disponer de un plan, de una estrategia basada en el autoconocimiento, el sentido común y la pasión por la vida. Para mí, se trata de sentirse *bien dans sa peau* (sentirnos bien en nuestra propia piel) en cada etapa vital. Tú y yo somos diferentes genéticamente, vivimos en sitios distintos, no disponemos de los mismos recursos, pero podemos adoptar la misma actitud básica: sentirnos bien en nuestra propia piel. Todos somos únicos, de modo que no existe un plan que se adapte a todo el mundo. Como es primordial elaborar tu propio plan, tendrás que hacer un trabajo preparatorio que nadie puede hacer por ti. Y un plan es un enfoque mental, una actitud.

Las imágenes que propagan los medios de comunicación actuales, a menudo de famosos, y que después se globalizan, han empeorado las cosas. Sí, vivimos más tiempo, pero el culto a la juventud ha provocado que las mujeres estén cada vez más acomplejadas y obsesionadas con parecer más jóvenes de lo que son. A menudo da la impresión de que lo más fácil es rendirse. Muchas mujeres de cuarenta años en adelante *se laissent aller*, se abandonan. Echa un vistazo a tu alrededor: es alarmante ver cómo la gordura está cada vez más aceptada y cómo se viste de manera informal, pésimamente y con mal gusto (a veces con el pretexto de una supuesta «comodidad»). También están las soluciones rápidas que promueven las tertulias, las revistas femeninas y los blogs, con recetas, trucos y consejos de las famosas, ideados por todo tipo de supuestos expertos. Las estadounidenses, desde mi punto de vista, suelen ser extremistas; a la hora de hacer dieta, por ejemplo, adoptan el «todo o nada», lo que considero equiparable a la forma en que algunas mujeres se enfrentan al envejecimiento. Quieren y les gusta verse jóvenes y perfectas, pero, claro, no pueden ignorar la pendiente resbaladiza en que consiste envejecer. Muchas se rinden en cuanto se sienten viejas. ¿Por qué? Es la actitud. El estado de ánimo ejerce un impacto psicológico y emocional enorme en nuestro «exterior».

Es como si cada semana apareciera una nueva receta, dieta o producto para conservarte joven, delgada o hermosa. ¿Son fiables? En su mayoría, no. Elabora un sistema con unos cuantos rituales, algo de diversión y espontaneidad, y que incluya hacerte algunos retoques e ir reinventándote a medida que pasan los años, nada drástico ni doloroso, y cuanto antes empieces, mejor, pero hazlo como mucho a los cuarenta. Es, sin duda, la señal de salida de la naturaleza. Si tienes más de cuarenta, no pasa nada, pero apresúrate a subir a bordo.

Lo que sigue es un planteamiento polifacético para combatir el envejecimiento a partir de los cuarenta de modo que disfrutes al máximo de la vida a lo largo de tu segunda serie de décadas. ¿Tienes cincuenta? Sin duda, es el momento de empezar. En realidad, nunca es demasiado tarde para aprender y compartir estos secretos. A lo largo de toda la obra, llena de información y de nuevos trucos y consejos para lograr una fórmula personal de éxito, se hace hincapié en lo que es útil y positivo. Fiel a mi estilo, he incluido historias y anécdotas de mi vida que espero disfrutes y te aporten consejos valiosos. Un libro no puede contener la fuente de la juventud, como tampoco la cantidad de detalles sobre cualquier tema interesante que es posible consultar en internet. Pero sí una actitud y un planteamiento categóricos. Esta obra ha sido pensada para ayudar a los lectores (tanto a las mujeres como, de manera más amplia, a los hombres), a diseñar una fórmula propia que mejore su aspecto, su salud y sus placeres, y les permita sentirse cómodos consigo mismos a cualquier edad. Es un llamamiento a tomar las armas contra el ataque del envejecimiento. Proporciona las claves para quitarle diez años al cuerpo y a la mente.

Y ahora, como decimos en francés, *attaquons*.

1

Los efectos de la gravedad

Mi marido ha lucido un bigote rubio toda su vida adulta. Hasta que un día, no hace mucho, se acercó y me dijo: «Oye, tengo el bigote totalmente blanco.» Es verdad, lo tiene, y había tardado unos tres años en darse cuenta.

No sé qué piensa una mosca, si es que piensa algo, cuando se mira en el espejo. Lo que sí sé es que si queremos gestionar el envejecimiento, cuando vamos sumando años y nos miramos en el espejo tenemos que vernos tal como realmente somos, por dentro y por fuera. Muchos nos engañamos. No vemos lo que somos, sino que solemos ver lo que éramos. O nos ciega lo que queremos ser o lo que creemos ser.

Conocernos verdaderamente, sentirnos cómodos con nosotros mismos y tener una actitud saludable, realista y positiva sobre nuestro propio envejecimiento es de la mayor importancia para envejecer bien.

Para envejecer con actitud positiva es fundamental mirarse atenta y periódicamente en el espejo.

¿En qué deberías fijarte? Es imposible leer un libro o una revista, o ver o escuchar un programa sobre envejecimiento sin encontrar los temas más habituales: salud, aspecto, ejercicio físico, nutrición, estilo de vida, milagros médicos (una subcategoría en la que supuestamente se incluye la cirugía estética) y las relaciones.

A todo ello me gustaría añadir como categoría general algo para evaluarse uno mismo y efectuarse posibles modificaciones:

- La actitud.

Más adelante veremos algunas preguntas que puedes formularte al mirarte en el espejo. Pero me gustaría destacar desde el principio el poder de la actitud. Es una píldora milagrosa. Y es probable que la gente haya buscado pociones milagrosas antienvejecimiento desde que el mundo es mundo.

LA ACTITUD DE LAS FRANCESAS

La gravedad es la misma en Francia que en el resto del mundo, especialmente cuando llegas a los sesenta y los setenta, si no antes. Pero las francesas abordan el envejecimiento con una actitud distinta de la que adoptan las mujeres de la mayoría de culturas. En lo que a envejecer se refiere, la principal diferencia entre las francesas y una gran parte de la población femenina no es la forma de arreglarse o de vestir, la nutrición o el cuidado del cutis o de la piel; es la actitud. Para empezar, las francesas tienen una definición diferente de lo que es la vejez. En un estudio multinacional efectuado recientemente, las francesas demostraron ser las mujeres a quienes menos preocupaba envejecer, y una tercera parte de ellas creía que se es «viejo» a partir de los ochenta.

Sin duda, en Francia una mujer de entre cuarenta y sesenta años sigue atrayendo y siendo vista como objeto del deseo, y actúa en consecuencia. Lo siente así y lo demuestra con sus actos, pero no finge no tener edad. Se siente cómoda consigo misma. Se cuida y, por lo general, vigila su peso y su aspecto, pero no intenta parecerse a la que era a los veinte años. La cultura estadounidense, junto con muchas otras, es una cultura de la juventud. No es el caso de Francia. Nombra las principales actrices francesas que te vengan a la cabeza. Es probable que todas ellas transmitan un aire de elegancia y una belleza cautivadora que no constituye una imagen perfecta ni es un reflejo de cómo eran hacia los veinte años. ¿Juliette Binoche? Nació en 1964. ¿Catherine Deneuve, todavía un icono? Nació en 1943. Hasta las de treinta y tantos, como Marion Cotillard, tienen una imagen «madura» que rezuma una atractiva mezcla de honestidad y experiencia.

En las películas francesas aparecen muchas mujeres jóvenes, pero tampoco son un sinfín de «Ángeles de Charlie». Piensa en Amélie (Audrey Tautou), la joven de pecho plano y buen corazón. Las mujeres de cincuenta años en adelante suelen mostrarse como si lo más probable fuera que tuviesen un amante, a veces más joven. Si bien en las películas, y también en la vida real, las francesas pueden ser burócratas (algo típicamente francés) u objetos de un deseo discreto, en su vida personal, fuera de la gran pantalla, adoran ser «intelectuales», tanto a pequeña como a gran escala. Las francesas citan a Rousseau y Descartes de sus años de secundaria y pueden comentar y discutir de todo, desde la comida que tienen en el plato hasta los detalles del último escándalo político. Ser adulto implica haber madurado. Y haber madurado significa perder algunas de las inseguridades de la vida, como preocuparse demasiado por los efectos de la gravedad. Las francesas de cierta edad viven intensamente el momento, y de modo desafiante.

Tal vez hayas oído que los cincuenta son los nuevos cuarenta. Yo he escrito que los cincuenta y nueve son a veces los nuevos sesenta. Desafortunadamente, un chiste del *New Yorker* sugería que los setenta y cinco son los nuevos nada. Espero que no sea cierto, pero sugiere que a los setenta no hay que contenerse... ¿para qué? Ni siquiera a los sesenta ni a los cincuenta a la francesa. *Carpe diem*.

SENTIRSE FENOMENAL

¿Cuántas veces has oído las máximas «El pensamiento es más poderoso que la materia», «Si no dejas de preocuparte, caerás enferma» o «Perdió el entusiasmo por la vida»? Sin duda, se engloban en la categoría de «nada nuevo bajo el sol».

Ahora bien, lo nuevo, si es que cincuenta años pueden seguir considerándose algo nuevo, es que ahora tenemos pruebas científicas de que la magia no solo funciona, sino que forma parte de la ciencia humana. La especialidad tiene incluso un nombre sofisticado: psiconeuroinmunología. Creer es una poderosa medicina.

¿Recuerdas el efecto placebo? Es un hecho: en muchos casos, cuanto más cree una persona en un tratamiento o un fármaco, más probable es que mejore su salud o comportamiento. Los placebos han contribuido a reducir la ansiedad, el dolor, la depresión y muchísimas alteraciones. Hace unas décadas se demostró científicamente que el sistema inmunitario humano está conectado con el cerebro, que existen comunicaciones complejas entre los neurotransmisores y las hormonas.

Aunque no sea precisamente una píldora antienvejecimiento todo en uno, la creencia consciente y el condicionamiento subliminal pueden controlar procesos corporales como las reacciones inmunitarias y la liberación de hormonas. Cuando se le pone una tirita a un niño, este se calma y se siente mejor sin ninguna razón médica clara. Sabemos que una fuerte red social favorece que la gente sobreviva al cáncer. Puede que no sea estrictamente un placebo, pero representa una prueba evidente del papel que desempeña el cerebro en la salud física y, evidentemente, en la salud mental asociada. La meditación, por supuesto, es un método mental para liberarnos de las falsas ilusiones y del estrés para lograr una forma de paz interior. Algunos métodos de meditación han permitido a la gente reducir la tensión arterial, aliviar el dolor y modificar diversas funciones cerebrales y corporales.

La cuestión es que positivamente disponemos de la capacidad de sentirnos mejor. Asimilemos esta idea. Es una capacidad extraordinaria.

Elaborar proyectos realistas, valorar las opciones y dar después forma a lo que deberíamos hacer durante las diversas etapas más avanzadas de la vida es una poderosa medicina mental capaz de curar algunas de nuestras dolencias y potenciar nuestros placeres a lo largo de la vida. ¿Sentirse fenomenal? Bueno, yo me siento así a veces.

LA OCTOGENARIA YVETTE

Durante mi infancia en la Lorena, al este de Francia, tuve una niñera que prácticamente acabó formando parte de la familia. Los veranos, por ejemplo, solían enviarme a pasar uno o dos meses a la casa de campo de mi abuela, en Alsacia, e Yvette hacía y deshacía el equipaje y mediaba a diario entre mi severa abuela y yo... año tras año. Al final, Yvette se casó y tuvo hijos propios a los que cuidar. Por mi parte, yo me fui a cursar la secundaria cerca de Boston, luego los estudios universitarios en París y finalmente a vivir con mi marido en Nueva York, por lo que nos mantuvimos en contacto básicamente a través de mi madre, aparte de tomar un café juntas cuando nos encontrábamos muy de vez en cuando. A pesar de eso, seguimos estando muy unidas. Por último, cuando mi madre se «jubiló» y se fue a vivir al sur de Francia, recurríamos a Yvette para que fuera a verla, comprobara cómo estaba y nos informara convenientemente. Tras el fallecimiento de su marido, ella también «se jubiló» y se mudó al sur de Francia, en su caso a la ciudad de Toulon, en la Riviera (sede del Airbus). Al parecer, conoció a un compañero maravilloso y, a los ochenta, vive la vida al máximo con él. Hasta tienen una caravana de lujo con la que van a un cámping situado a una media hora de su casa. Todos los veranos viene a verme a mi casa de la Provenza, una visita que siempre espero con ganas.

El verano pasado vino acompañada de su encantador compañero y de su hijo, Claude, que vive en el extremo septentrional de Francia. Mientras tomábamos café con un trozo de *tropézienne*, la riquísima tarta que debe su nombre a Brigitte Bardot (sí, Yvette y yo seguimos siendo muy golosas, pero ahora con moderación), la conversación se desvió hacia Nueva York, dado que su hijo había estado en esa ciudad con sus tres hijas hacía unos años y todos ellos se habían enamorado de Estados Unidos. Yvette dijo: «¿Sabes qué, Mireille? También he venido para hablar contigo sobre Nueva York, porque me encantaría visitarte para ver cómo vives ahí.» Y después añadió enérgicamente: «Pero me gustaría hacerlo *avant de vieillir* [antes de ser vieja].» Esta es la frase que dice alguien que envejece con una actitud positiva.

En aquel mismo instante quedamos que me haría una visita de una semana de duración a principios de noviembre, en una demostración de una forma de vivir la vida con placer y en el presente que se adquiere con la edad. Cuando se fue, otra invitada, una mujer de treinta y dos años, dijo que Yvette no aparentaba la edad que tenía y, lo que es más importante, que no se comportaba como alguien de su edad. Y es verdad. Yvette tiene una forma agradable de tratarte y de mirarte, y sus ojos proyectan una luz y un guiño de complicidad que te indican al instante que ama la vida y disfruta cada segundo de ella.

Unos meses después, a fin de organizarlo todo para que la visita le resultase inolvidable, pedí información por correo electrónico a su hijo, quien me confirmó que Yvette está en muy buena forma, plena de vitalidad, dinamismo y curiosidad, y que conserva un excelente sentido del humor. Come de todo, solo que en cantidades más pequeñas que antes, y aunque tal vez podría perder unos kilos, se siente cómoda y sana tal como está. ¿Qué quería hacer, además de ver cómo vivo? Ir a un musical y a la ópera, respondió su hijo. Unas semanas después, ella misma añadió a la lista un partido de baloncesto. Puede que haya algo de cierto en la afirmación de que el Madison Square Garden es el estadio más famoso del mundo (¡y yo que creía que era el Coliseo de Roma!). Pregunté si tenía limitaciones físicas. La respuesta fue que camina muy bien y que lo único que le da algunos problemas son las escaleras. Aleluya. Tranquilicé a su hijo informándole de que para subir al decimoquinto piso en que vivimos disponemos de ascensor.

JACK

Jack superó un cáncer. Era un luchador. Lo conocí en los inicios de mi carrera como relaciones públicas en Nueva York. Era nuestro impresor externo y venía dos veces por semana a trabajar conmigo en diversos proyectos. Jamás le pregunté su edad, pero seguro que por entonces tendría setenta y pico, aunque su actitud era la de un hombre de cuarenta. Un día, mientras me contaba lo mucho que le gustaba Francia, me animé a preguntarle cuál era la «receta» de su optimismo, energía y vitalidad, por no hablar de su constante buena disposición y sentido del humor. Me enteré entonces de que a los cincuenta años había tenido un cáncer y que eso le había cambiado la vida. Como el tratamiento que seguía en Nueva York no estaba dando buenos resultados, probó la medicina alternativa y tratamientos médicos fuera de Estados Unidos. Recuerdo que estuvo en México, entre otros sitios. Pero lo que descubrió fue un estilo de vida y una actitud mental que abarcaba el yoga y la alimentación sana holística. Fue una larga evolución para aquel hombre diminuto, prácticamente calvo, educado en Brooklyn.

¿Cuál era la receta? Su respuesta fue simple: «Hago yoga todas las mañanas y, especialmente, el pino durante veinte minutos... y como sano.» Al ver que lo miraba perpleja, y antes de que me diera cuenta, me dejó boquiabierta haciendo el pino en mi despacho. Una vez se hubo incorporado de nuevo, me explicó: «Desde los cincuenta y tantos como menos. Tomo carne y pescado una vez a la semana, y me alimento principalmente de cereales, huevos, frutas y verduras, y pan del bueno, que horneo los sábados.» (Nada de pan de molde para Jack.) «Preparar pan me relaja, y lo más importante es que tomo muchas sopas con muchas especias y hierbas, y yogur» (el alimento básico por excelencia de las francesas). Él mismo se lo preparaba porque no quería comprar ninguna «mierda» (en palabras suyas) del supermercado. Desde luego, esto era antes de los yogures buenos y naturales que existen hoy en día. Dicho esto, actualmente hay cientos de yogures que Jack y yo catalogaríamos de comida basura porque contienen demasiado azúcar, con ingredientes como el terrible jarabe de maíz, a menudo fruta muy dulce, y conservantes.

Le dije que debió de ser budista o francés en otra vida.

Según él, había sido una mezcla de ambas cosas, y desde que había cumplido los cincuenta y cinco, y el cáncer no se le había reproducido, jamás se había sentido mejor. A menudo lo recuerdo haciendo el pino con el traje y la corbata, y al imaginar lo que habría sucedido si alguien hubiera entrado en aquel momento en mi despacho, me parto de risa. Jack me caía muy bien y siempre esperaba con ansia su visita.

¿Podemos hablar de efecto placebo en el caso de Jack? Quizás en parte, pero el caso es que funciona, y él tuvo la voluntad y la actitud necesarias para vivir. Y, por supuesto, dio con el yoga y con una dieta saludable, los cuales, como se demostraría científicamente poco tiempo después, facilitan una larga vida, como la que él disfrutaba.

DENISE

Admitámoslo: todos conocemos a alguien de quien nos preguntamos en secreto si es consciente de lo que ve cuando se mira en el espejo.

Tengo una antigua compañera de clase, Denise, con quien compartí mucho tiempo entre los veinte y los treinta y pocos años. Ahora puede que la vea una vez al año. Y en cada ocasión me preocupa e inquieta su aspecto. Denise tendría que ser objetiva al mirarse en el espejo. ¿No nos pasa lo mismo a todos? Cuando da la impresión de que vamos disfrazados y aún no ha llegado Halloween, significa que ha llegado la hora de que recapacitemos.

A veces me pregunto si no debería aconsejarla sobre cómo peinarse o maquillarse. Existen muchas cosas que podemos hacer para ayudar a nuestros cuerpos y mentes que envejecen a encaminarse de una forma más saludable y alegre hacia lo inevitable. Debería hacerle amablemente una o dos sugerencias. ¿O es que acaso está satisfecha con su aspecto?

Al parecer, no lo está. De hecho, todo indica que se ha «dado por vencida» sin motivo.

Quizás hayas reparado alguna vez en los indicios de lo que llamo «darse por vencido». Solo viste ropa sosa, negra o de colores muy oscuros. Ha dejado de usar el discreto lápiz de labios y la sombra de ojos con los que realzaba su rostro. Lleva un peinado anticuado, nada favorecedor. Cuando la veo, me viene a la cabeza la imagen de una mujer mayor sacada de una foto europea de los años cuarenta. No quiero pensar así, pero no puedo evitarlo. Y no es vieja, en el sentido de que, de acuerdo con sus antecedentes familiares y sus características genéticas, le quedan décadas de vida.

Me entristece ver cómo, cada año que pasa, se ensancha aún más la brecha que existe entre nuestras «actitudes». Yo prefiero abordar el envejecimiento con una actitud positiva, una meta en el horizonte y autovalorándome. Su decisión, en cambio, consiste más bien en envejecer con apatía.

¿Estoy siendo crítica? Por supuesto, pero también realista, y lo hago para ilustrar un caso negativo de alguien que no tiene una actitud positiva a la hora de verse a sí mismo y no envejece bien. Me he esforzado mucho en conseguir un enfoque mental positivo del envejecimiento y quiero conservarlo. Cuando las mujeres (y los hombres) que nos rodean se dan por vencidas, ¡resulta deprimente estar con ellas!

¿Es posible sacar a mi vieja amiga de su letargo? Unas pocas sugerencias de los capítulos de este libro tendrían sobre ella resultados milagrosos. Tal vez descubra algunos secretos. Pero para ello tendría que dirigir una mirada sincera sobre sí misma, y a algunas mujeres en ocasiones les cuesta enfrentarse con lo que ven en el espejo.

Nuestras amigas son importantes a lo largo de toda la vida,

pero con la edad lo es todavía más el rodearnos de personas positivas, que tengan una actitud vital parecida a la nuestra. ¿Recuerdas el viejo adagio según el cual eres tan viejo como te sientes? Rodéate de gente que sea joven de espíritu y que se cuide, tanto física como mentalmente... y observa qué sucede. ¡Te prometo que los resultados te encantarán!

OLVIDA LA ESFINGE

¿Cómo organizar nuestros pensamientos y actos para envejecer con una actitud positiva? Mi consejo: olvida el enigma de la Esfinge, olvida lo de andar a gatas, lo del bastón para andar, olvida lo de clasificar la vejez como la tercera edad del ser humano; es deprimente y desvía la atención sobre lo verdaderamente importante. A efectos de este libro, la clasificación y la trilogía organizativa con la que abordo el envejecimiento con una actitud positiva de dentro hacia fuera es la siguiente: **mental, física y exterior** (estoy pensando en el aspecto exterior de una persona, en la máscara que nos ponemos, en la cara que adoptamos ante las caras con que coincidimos). ¿Cómo nos vemos, cómo nos mostramos a nosotros mismos y a los demás? ¿Cómo nos sentimos físicamente, de salud y esas cosas? ¿Cómo pensamos y nos sentimos mentalmente?

Por supuesto, los elementos físico, mental y externo del envejecimiento no se suceden linealmente como en el caso de la infancia, que nos conduce hasta la edad adulta. A menudo son inseparables. Los cuidados de la piel producen una piel sana y tersa, y un aspecto que hace que te sientas bien. Sin duda, la salud afecta el aspecto y la actitud de una persona, y viceversa.

Cuando a medida que vamos envejeciendo nos miramos en el espejo para evaluarnos, son muchas las preguntas que hemos de hacernos, de lo más general a lo más concreto.

La pregunta más general que debes formularte es la siguiente: «¿Me gusta mi aspecto?» Ahora bien, ¿puedes hacer algo para mejorarlo? ¿Quieres mejorarlo? Algunas cosas, como los efectos de la gravedad, son difíciles de cambiar, aunque es posible atenuarlas. ¿Cómo estás de salud? ¿Puedes hacer algo para mejorarla? ¿Quieres mejorarla? Sigue leyendo. ¿Cuál es tu actitud ante ti misma y el envejecimiento? ¿Puedes hacer algo para mejorarla? Sigue leyendo. Llega un momento en que tienes que descartar el bikini. ¿Ya ha llegado? ¿Y los tacones altos? ¿Y el sexo?

AÑO NUEVO, VIDA NUEVA

Cada año, con la misma certeza de que el sol sale por el este, llega enero junto con las campañas comerciales de «año nuevo, vida nueva» para los programas de autoayuda. Los gimnasios ofrecen cuotas especiales y admiten más personas de las posibles porque, en un par de meses, la mayoría no utilizará las clases ni las máquinas. En las revistas, libros y vídeos abundan las dietas milagrosas. Proliferan los consejos y los anuncios de cursos didácticos y de cambios de profesión.

Sin duda, el principio del año es un momento tan idóneo como clásico para hacerse propósitos de cara al nuevo periodo (naturalmente, cualquier día es igual de bueno para que empieces tu propio plan de doce meses). La realidad de muchos propósitos que se hacen con la mejor de las intenciones es que se abandonan fácilmente porque los planes que los sustentan son poco realistas e insostenibles. Las dietas yoyó que se hacen en enero, en los meses de mayo y junio (antes de la estación que más tiempo pasamos al aire libre) y el mes antes de un gran acontecimiento social, como una boda, son lamentables. Sí, es posible y no cuesta demasiado perder dos o incluso cinco kilos en un mes. Yoyó... ¿Qué probabilidades hay de no recuperar esos kilos antes de un año? Pocas, y esa es la razón de que se fomente una nueva dieta milagrosa cada mes de enero.

Y esa es, también, la razón que me lleva a creer que la clave de las transformaciones es hacerlas poco a poco. Los cambios drásticos no suelen perdurar. Tomarte las cosas con calma implica llegar gradualmente a tu destino, y si te caes por el camino, puedes volver a reemprenderlo. No es ningún fracaso, sino una ligera demora.

También creo en adoptar un planteamiento que haga hincapié en lo positivo, en lo que puedes hacer antes que en lo que no puedes. Sí, puedes comer chocolate y beber una copita de vino sin engordar.

Una actitud positiva mejora tu vida. Envejecer con actitud positiva implica elaborar un plan individualizado para efectuar algunos ajustes mentales, físicos y en nuestro aspecto para los años venideros con la mirada puesta en un horizonte lejano. Si al leer el resto del libro encuentras media docena de ideas que puedas adoptar y llevar a la práctica a lo largo de un año, habrás conseguido añadir años buenos a tu vida y, posiblemente, alargarla varios años también. De acuerdo, podrías adoptar unas cuantas más, pero no intentes demasiadas a la vez o te desconcentrarás y tendrás más fracasos que éxitos.

Es de esperar que algunas de las sugerentes ideas, tanto grandes como pequeñas, de estas páginas te llamen la atención. Si eres como yo y se te olvidan constantemente cosas de las listas que elaboras mentalmente, quizá te vaya bien tomar alguna nota por el camino. Es un comienzo. Sin duda la primera serie de cambios de tu estilo de vida te situará dentro de un año en otro plano saludable y holístico de tu programa antienvejecimiento, tu programa para envejecer con actitud positiva. Entonces estarás preparada para mirarte de nuevo en el espejo y disponerte a desafiar los efectos de la gravedad. Adelante.

2

Vestirse con estilo y actitud positiva

«*Quelle coquette!*» es un bonito cumplido que una mujer puede recibir de un hombre o de otra mujer. Es difícil de traducir, ya que en francés la entonación con que se dice es muy importante, pero básicamente significa que a alguien le preocupa su aspecto, en sentido positivo, que sabe ir a la moda pero que también desea ganarse la admiración de los demás, gustarles, flirtear o seducir, o todas esas cosas a la vez según las circunstancias. Cuando se hace de cierto modo, lo que para mí conlleva que una mujer se sienta cómoda consigo misma y se conozca, se nota. Y también se nota si es forzado. Balzac lo describió a la perfección: «*La coquetterie ne va bien qu'à une femme heureuse.*» (La coquetería solo le sienta bien a una mujer feliz.)

He acabado deduciendo que el estilo es la manifestación de una actitud, y que un estilo personal es una suma de muchas cosas, todas ellas relacionadas con la actitud que se tiene ante una misma y lo que la rodea.

El estilo va de la mano de la coquetería si nos vestimos para impresionar. En Francia, la palabra utilizada es *seduction*, ya que en el país las interacciones sociales se han basado, y se basan, en el arte de la seducción. Y ser *coquette* forma parte del juego. Las francesas se visten para seducir, pero no en el sentido de intentar atraer a alguien a la cama (o al menos no siempre en este sentido). Es, además, una costumbre que jamás se les ocurriría abandonar al llegar a una edad avanzada, ya que les infunde vida... a ellas, a lo que llevan puesto, a lo que dicen, a lo que piensan y a lo que son. Mírate en el espejo. Si no te ves *coquette*, pregúntate por qué. Algunas amigas mías dirían: «Vive, no mueras.»

En un momento de mi trayectoria empresarial tuve que presentar personalmente informes semestrales sobre resultados y previsiones de negocios a Bernard Arnault, presidente de LVMH y en la actualidad la persona más rica de Francia. Recuerdo claramente la primera vez que me reuní con él para una de estas presentaciones.

Es un hombre callado y reservado, aunque puede mostrarse sumamente directo, y es famoso por combinar su capacidad como ingeniero y su precisión con una aguda inteligencia y un elevado sentido estético, especialmente en lo que a arte, música y estilo se refiere. Y, además, es francés.

Cuando me saludó por primera vez, como francés que es me repasó, descaradamente y a cámara lenta, de arriba abajo y de abajo arriba. Me pareció interminable. Como se diría habitualmente en francés, me desnudó con la mirada. Me pregunté qué estaría pensando. Nunca lo sabré, pero recuerdo que me asaltaron algunas de mis absurdas inseguridades. Recuerdo haber pensado que el conjunto que llevaba no era de Dior (es el propietario de Dior). También iba con un portafolios de Bottega Veneta y no de Louis Vuitton. ¡Ay! Me estrechó la mano y me dijo: «*Bonjour, madame Guiliano.*» Buenos días, nada más. Eso fue todo... por el momento.

No hay duda de que juzgamos a las personas por su aspecto. Nuestro aspecto es una declaración rotunda acerca de quiénes somos. Evidentemente, el señor Arnaud sabía cosas de mí antes de nuestra primera reunión, como, por supuesto, que mi equipo estaba obteniendo unos resultados excelentes, pero no me conocía personalmente.

¿Qué le dijo mi aspecto? ¿Qué les dice a quienes me encuentro hoy en día en un avión, en el mercado o en una fiesta? ¿Qué dice tu aspecto? Depende, por supuesto, de lo que llevas puesto y de aquello que transmiten tu rostro y tu cuerpo. Y estas son cosas que cualquiera puede controlar. Todo es cuestión de estilo.

¿NUESTRO MAYOR TEMOR?

Con la edad, podría decirse que el mayor temor de las mujeres es perder nuestro atractivo, nuestra presencia. Empiezan a preocuparnos las arrugas, la pérdida de cabello, el ensanchamiento de la cintura y, oh, los pechos caídos. Y la cosa no mejora. Es una cruz llevar audífonos (aunque afortunadamente su tamaño se ha reducido hasta hacerlos casi invisibles), pero también nos hemos encogido unos centímetros... y empezamos a adoptar la temida postura encorvada de los ancianos. En resumen, tememos vernos viejas.

La actitud francesa ante este temor es algo así como: «Me veo en el espejo tal como soy. Lo acepto, y me conformo con ello; pero haré cuanto esté en mi mano para gestionar el mensaje que transmito. Y no me preocupará lo que la gente crea. Me cuidaré y cultivaré una imagen que sea la mejor versión de cómo soy ahora y me mantendré conectada con el mundo.» Esta es la esencia del estilo y el envejecimiento franceses. Es una actitud innata para sentirte bien con tu aspecto y verte como un individuo independiente, es decir, una persona con claro estilo interior y exterior que es a la vez cómodo de «llevar» y distintivo. Y si hay algo por lo que destacan las francesas es la forma individualista que tienen de presentarse. Su envoltorio exterior está impregnado de estilo y belleza interiores, de una actitud que indica que no les importa nada (lo que es verdad la mitad de las veces, pero igualmente cuidan su imagen para ir a comprar el pan por la mañana).

Curiosamente, lo que considero una actitud estadounidense que se ha globalizado es más bien una forma de autoengaño (como verse en el espejo como se era antes), o una evaluación abiertamente crítica merced a la cual al mirarse en el espejo se ven todos los defectos. Hay mujeres que no parecen saber hablar de otra cosa que de lo mucho que detestan sus patas de gallo, su papada, su ropa y lo mal que están en general. Es casi una competición para ver cuál de ellas es más dura consigo misma y se señala más defectos. ¿Por qué no hay un punto medio? Tendemos a dejar de aceptarnos y a mentirnos sobre nuestro aspecto o a menospreciarnos. A las francesas les importa un comino la perfección (lo que no solo se aplica a combinar la ropa, sino a muchos otros aspectos de la vida).

LOS INDICADORES

Cuando el señor Arnault estaba haciéndome aquella especie de radiografía, no me cabe la menor duda de que los dos «indicadores» que mejor revelaban mi «identidad» eran mi peinado y mis zapatos. ¿Te enseñó eso tu madre como hizo la mía conmigo?

Un buen peinado contribuye mucho a verte más sana, quizá más joven, y desde luego más atractiva. Y por muy elegantemente que vistas (con lujo o no), tus zapatos siguen diciéndolo todo. Llevar ropa cara con unos zapatos inadecuados o baratos puede causar una impresión poco favorable.

(Ahora bien, una ropa menos cara con unos buenos zapatos, podría entenderse como un signo de estilo.)

Al evaluar tu estilo y tu marca personal a medida que envejeces, puedes empezar por los zapatos y el peinado. El peinado tiene que ver con la forma de arreglarse, que analizaremos más adelante, pero los zapatos... Los zapatos constituyen un indicador clave de tu estilo. ¿Cuál es tu estilo? ¿Qué significa tu estilo? ¿Qué clase de zapatos llevas? ¿Unos Birkenstock? Es fácil distinguir a las turistas estadounidenses de cierta edad en cualquier parte. ¿Te haces una idea? ¿Qué calzan? Me encanta la comodidad, pero ¿significa eso tener que renunciar al atractivo o a la identidad? No, no y no. Controlamos la comodidad, y podemos lograrla sin renunciar al atractivo y a un estilo personal.

¿No son sexis, seductores y sensuales los tacones altos? Lo son en la vida y en el arte. ¿Son para las mujeres de todas las edades? Piensa en los tacones de aguja, paradigma de la seducción y del sexo. Mi amiga Aurélie los llama «porno blando».

EL ESTILO Y LOS TACONES DE AGUJA

Sin duda, los tacones de aguja de diez centímetros que hicieron famosos las películas italianas a principios de los cincuenta (y ahora los tacones de doce centímetros) hacen que nos sintamos y veamos más altas, y que nuestros pies parezcan más pequeños. Son símbolos eróticos. Hay quien los considera fetiches. Provocan una postura erguida, realzan las nalgas y las caderas, hacen que se relajen los músculos de las pantorrillas, por no mencionar la forma de andar a la que inducen.

Sin embargo, nuestro cuerpo no está pensado para que

llevemos tacones altos. ¿Cuándo deberíamos decidir dejar de llevarlos? En parte, depende de nuestro sentido del equilibrio y nuestro tono muscular, que menguan década a década. No tiene sentido arriesgarse a una caída (algo que tememos a medida que envejecemos y perdemos equilibrio, musculatura y tono muscular). Pero no nos desesperemos. Juju, mi profesora de danza, se refiere a los zapatos de tacón de aguja como el calzado que las mujeres solo deberían llevar a la hora de cenar. ¡La mujer más adicta que conozco a los zapatos de tacón de aguja puede enfrentarse con ellos a lo que le echen porque se desplaza a todas partes en taxi o limusina! Sentarse es la mejor venganza. Olvídate de correr calle abajo o de bailar a la edad que sea. Llévalos a fiestas que no acaben demasiado tarde por la noche. ¿Te has fijado en que a las mujeres de cualquier edad que asistimos con zapatos de tacón de aguja a una fiesta o un acto social nos falta tiempo, después o durante el mismo, para quitárnoslos? Y a pesar de ello, los llevamos.

Nos hacen sentir jóvenes, sexis, bonitas y diferentes, supongo. Loulou, mi elegante amiga que acaba de cumplir setenta y va a trabajar todos los días con tacones altos, asegura que como los ha llevado toda su vida adulta, los pies se le han adaptado de tal forma que con zapatos planos ya no se siente cómoda. Sin duda, mentalmente no se siente cómoda sin tacones, ya que se han convertido en una parte importantísima de sus señas de identidad. ¿Cuáles son los signos personales de tu estilo y cómo los conservas y los adaptas al paso de los años?

La industria del calzado sabe que muchas de nosotras somos incapaces de resistirnos a los zapatos, y trabaja para ofrecernos continuamente diseños que resulten originales y atractivos. Sirven a las muchas amigas que tengo en todo el mundo que podrían definirse clínicamente como adictas a los zapatos. Todas compramos zapatos que no necesitamos, por supuesto; zapatos que hacen que nos duelan los pies, la espalda, etc. Nos equivocamos una y otra vez comprando zapatos que no se ajustan bien a nuestros pies, y lo hacemos por toda clase de motivos: alimentar la fantasía de lo que queremos ser, quizá satisfacer algún anhelo, necesidad psicológica o impulso (sin duda, algunos de esos zapatos estrafalarios cuya compra obedece a un impulso envían un mensaje sobre quién eres: el mensaje equivocado). No solemos pensar demasiado con qué conjuntaremos nuestros zapatos o siquiera si tenemos algo con qué combinarlos. Muchas veces, los zapatos constituyen un fin en sí mismos, en lugar de lo que tendrían que ser: un accesorio, un complemento, un signo de nuestro estilo personal y, por supuesto, algo que cubra y proteja nuestros pies.

La palabra clave de unos zapatos, y da igual si son planos, de salón o de tacón de aguja, es «comodidad». Para mí, llevar tacones altos no es la norma sino la excepción. Todavía tengo dos pares con un tacón de nueve centímetros para fiestas o recepciones muy importantes, y aunque en mi vida he cometido muchos errores al comprar zapatos, estos dos pares fueron una buena inversión, y me siguen siendo útiles y viéndose nuevos y de moda al cabo de décadas. Hasta he bailado con ellos sin tambalearme. Uno es de Yves Saint Laurent y el otro de Bottega Veneta, ambos confeccionados en Italia, y bien confeccionados, además, lo que para mí representa la regla número uno. Al parecer, tengo los pies italianos. (Por favor, olvídate del dinero por un momento.) Actualmente los más cómodos que tengo son unos zapatos de salón de ante negro de Ferragamo, que me miman los pies como si de zapatillas se tratase y que llevo para andar por la ciudad, para ir en avión y, muchísimas veces, en actos sociales nocturnos. Hace unos años, en Ámsterdam, descubrí United Nude, una marca menos cara (aunque no es que sea barata, por desgracia), cuyos zapatos son de última moda y de lo más cómodos, incluidos los que, al menos para mí, son de tacón alto.

Me doy cuenta de que he mencionado marcas caras, de lujo, pero ilustran muy bien la actitud francesa con respecto a un guardarropa: menos es más. Los franceses de ambos sexos están culturalmente predispuestos a tener menos armarios de ropa pero a llenarlos de prendas clásicas y de calidad que puedan combinar de muchas formas durante bastante tiempo. Añadir un par de zapatos o un conjunto de calidad es una buena inversión. Se incorpora algo nuevo cuando algo viejo está gastado o pasado de moda. Naturalmente, con los años los franceses adquieren y poseen un guardarropa «elaborado» que ha ido creciendo desde la década anterior, pero no demasiado. Gastar las cosas y eliminar las que no se llevan forma parte de un planteamiento minimalista.

Por cierto, los zapatos baratos no ocultan su condición. Invierte sabiamente. No hace falta que tus zapatos sean italianos y de los más caros. Todos reconocemos unos zapatos bien hechos cuando los vemos y los calzamos, y hay marcas poco conocidas o zapatos de rebajas de excelente calidad. Me han hablado muy bien de una marca llamada Söfft, y al parecer (¿quién iba a decirlo?) J. Crew tiene una gama bonita de calzado femenino no demasiado caro, incluidos muchos modelos confeccionados en Italia. Cole Haan, Ecco y Clarks destacan también como buenas marcas que pueden conseguirse a precios competitivos. Pero tanto si son baratos, moderadamente caros o de lujo, todo se reduce a que los zapatos te vayan bien y resulten cómodos, con independencia de lo elegantes que sean. Y si por mí fuese, en la escuela se enseñaría a comprar zapatos para evitar tener que averiguar, a fuerza de errores, cuáles son los que se ajustan mejor a tus pies.

Descubrí lo de los zapatos que se ajustan bien hace años, después de una sesión de reflexología que me dejó una sensación tan buena en los pies que quise aprender cómo se hacía, así que me compré un libro en el que leí que podemos separar los pies de nuestro cuerpo y nuestra mente. Llámalos «cerebro inferior» si quieres. Fíjate si no en la cara de sufrimiento que pones cuando llevas unos zapatos incómodos. Es parecido a lo que nos pasa con el corsé (actualmente definido como prenda moldeadora adelgazante), y si no observa la alfombra roja de los Oscar y fíjate cómo sufren las mujeres que desfilan por ella... Evidentemente, no es la mejor de las opciones para verse radiante.

¿Qué buscamos en unos zapatos, además de un diseño tentador, sobre todo cuando pasamos la barrera de los cuarenta y los consiguientes cambios físicos reducen ciertos niveles de tolerancia? Prueba la siguiente receta: una mezcla de equilibrio con un buen soporte y movilidad. Muchos zapatos ofrecen justamente esto si quienes los diseñaron saben de anatomía, pero siempre serás tú quien habrá de juzgarlos. Y a continuación encontrarás la lista que no te dieron en el colegio con los puntos que debes comprobar a la hora de decidir invertir tu dinero en un par tentador:

- Pruébate los dos zapatos, porque ambos pies no son idénticos (he visto a muchísimas mujeres con prisas que solo se probaban el zapato de un pie, y seguro que después lo lamentaron).
- Sitúate en un suelo duro (en lugar de una alfombra o moqueta) y da unos pasos para comprobar que los zapatos son lo bastante anchos (cómpralos siempre por la tarde, cuando tu cuerpo haya retenido un poco de líquido). Lo mejor para probar si unos zapatos se ajustan bien a tus pies es subir y bajar unos peldaños.
- Ten en cuenta que la talla perfecta es imposible, ya que los zapatos se elaboran a partir de moldes de madera o de plástico, no tomando como modelo tu pie. Sin embargo, soy de la teoría de que los zapatos hechos a medida serán cada vez más frecuentes los próximos años. Un consejo para dar con la talla apropiada consiste en

cuidar que la parte superior del zapato cubra el empeine, lo que te proporcionará un buen soporte.

- Mírate en un espejo de cuerpo entero para comprobar si te ves equilibrada y asegurarte de que el peso de tu cuerpo se distribuye bien a lo largo del zapato de modo que el peso del pie se reparta convenientemente entre la planta y el talón.

- No permitas que nadie te diga que te deshagas de un par de zapatos. El uso los vuelve más cómodos, pero una talla errónea siempre será errónea.

CATHERINE DENEUVE

Si miramos fotos de Coco Chanel, veremos que su ropa, sus zapatos y su maquillaje variaron sutilmente a lo largo de las diversas etapas de su vida. Cada vez que me encuentro con Catherine Deneuve en mi barrio parisino, ya sea comiendo con alguien en un restaurante nada de moda, paseando por los jardines de Luxemburgo o comprando en una discreta tiendecita, recuerdo que todos tenemos que «actualizarnos». Deneuve ya no calza zapatos de tacón de aguja ni se pinta los labios de rojo intenso, y su ropa también ha cambiado, lo mismo que su peinado, más corto y más natural, con un estilo que sigue siendo elegante pero más intemporal y denota más seguridad en sí misma. Bueno, yo ya la veía y admiraba tiempo atrás, cuando yo estudiaba y ella era joven y salía con Marcello Mastroianni, que vivía en esta parte de la ciudad. Los veía andar tomados de la mano o sentados en el pequeño pero famoso Café de la Mairie, al que acudían sobre todo estudiantes e intelectuales de la zona, y su imagen era bastante diferente: pelo más largo, cuerpo más delgado, más maquillaje, tacones más altos, ropa elegante pero muy moderna, a menudo de Yves Saint Laurent. Hoy en día, cuando ves a Catherine Deneuve, no puedes evitar seguir exclamando: «¡Caray!» Está un poquito más rellenita y no le da miedo enseñar el cuello, que delata en parte su edad, pero parece afirmar tranquilamente: «¿Qué más da? Soy el lote completo, no solo un cuello envejecido.» Parte de su rutina consiste en tomar un zumo de limón todos los días a la cinco de la tarde. Es un ejemplo de envejecer bien y de sentirse bien en su propia piel, con estilo y actitud positiva.

LA MARCA PERSONAL

Soy una gran partidaria de que cada una sea su propia marca, de que lleve sus propias iniciales, no las que se compran en una tienda de lujo. Tu marca es tu identidad, lo que te distingue de los demás. Es lo que te define y te hace memorable. Tal vez sea el perfume que siempre llevas lo que contribuye a definir tu marca. Tal vez sea una prenda o una forma característica de vestir. Me cuesta imaginarme a Yoko Ono sin alguna clase de anticuada gorra de repartidor de periódicos.

A lo largo de las décadas puedes ir evolucionando sin perder tu identidad. Puedes actualizar tu marca sin renovarla por completo ni intentar convertirte en una nueva persona, lo cual sería un poco como una dieta relámpago, y todas sabemos que esas dietas no funcionan. Pronto volverás a estar como antes. Es mejor hacer pequeños retoques. «Actualizar» no significa «renunciar».

Alice, mi madrina, me enseñó lo del elemento «distintivo», o sello personal, de la marca que eres tú. Para ella eran los sombreros (¡y menuda colección tenía!), que, según decía, eran una prolongación de sí misma. Que fuera alta ayudaba. Tenía un sombrero para cada ocasión y cada estación: para paseos, para la iglesia, para el mercado, para salir de día y de noche, incluso para el jardín. Y con sus sombreros lograba que los hombres se volvieran admirados a su paso. Acompañarla a la sombrerería constituía una experiencia y un aprendizaje. Jamás salía de la tienda sin una sombrerera. Cuando bromeaba con ella sobre esa prenda, me decía: *«C'est l'élégance du chapeau»* (Es la elegancia del sombrero). A lo que su marido respondía: «No, es que tienes clase y da igual lo que te pongas.» Solían filosofar (hay quien diría discutir) interminablemente (algo muy francés) al respecto. Acabé por comprender que su clase, su estilo y su marca personal procedían de su interior (del «conocerse a uno mismo» que resulta de mirarse en el espejo y sentirse bien con quien se es por dentro y por fuera). Y en su caso, rezumaba seducción y feminidad.

En lo que a la feminidad se refiere, Alice era categórica: ese don aparece y se expresa naturalmente en cuanto te aceptas a ti misma. La adolescencia juega en nuestra contra y «hacerse mujer no es tan sencillo», pero la madurez y la experiencia ayudan. Recuerda las palabras de Simone de Beauvoir: *«On ne naît pas femme, on le devient»* (No se nace mujer, se llega a serlo). Toda una vida de introspección. Una vez hemos llegado a ser mujeres, no deberíamos renunciar a ello por nuestra edad.

Las joyas son, sin duda, un sello personal de muchas mujeres. Aunque soy de la opinión de que, con la edad, menos es más, si siempre llevaste amuletos en forma de rana colgados del cuello o a modo de broche, o un gran diamante en el dedo, ¿por qué tendrías que dejar de llevarlos? ¿Qué indicaría el que lo hicieses? Ahora bien, a medida que el pelo se te vuelve menos abundante en tus años de «madurez», puede que tengas que replantearte las piezas grandes de bisutería. Mírate en el espejo.

Supongo que los tatuajes son una forma de joya, aunque jamás he entendido lo de pintarse de forma permanente grandes superficies de piel. Sí, una mariposita en el tobillo puede quedar bonita, o cualquier otro símbolo o signo individualizado. Y aunque un tatuaje nuevo en un cuerpo curtido pueda verse como un intento de conservar o recuperar la juventud, los tatuajes existen desde mucho antes que las marcas de diseño.

Fíjate especialmente en tu estilo y en tu marca personal a medida que pasas de una década a otra. Lo que llevas y lo que ello dice de ti es un ejercicio de actitud y de expresión. Disfruta cultivando tu marca personal y haciendo que evolucione con el paso de los anos.

SER *COQUETTE* Y VESTIR CON ESTILO

A menos que seas Sophia Loren, llega un momento en que lucir escote es una mala idea. Para ella representa un sello distintivo de su marca personal. En cuanto a mí, me he deshecho de los bikinis y he vuelto a usar los trajes de baño de una sola pieza. En Estados Unidos existe una expresión para describir a una mujer que a cierta edad ya enseña demasiado: mis amigas crueles y jóvenes lo llaman *gross*, que podría traducirse por ordinario, de mal gusto, incluso asqueroso. Un pecado más venial y una concesión a la vestimenta a nuestra edad consiste en enseñar los brazos, especialmente la parte superior, donde han perdido un poco el tono muscular, de modo que nuestros bíceps y tríceps son más «bamboleantes» que vitales. ¡Cíñete a los vestidos y las blusas con mangas! Aprende a llevar pañuelos al cuello y chales, y jerséis de manga larga. Y si bien los largos suben y bajan como parte de la renovación y la economía de la moda, hay pocas mujeres de sesenta o setenta años que puedan permitirse llevar la falda más de siete centímetros por encima de la rodilla. Mejor reservarlo para las hijas o las nietas.

Cuando escribo sobre el estilo de vestir francés es evidente que estoy generalizando a partir de una serie de hombres y mujeres que están tradicionalmente afianzados en el pasado y han evolucionado a lo largo de las últimas décadas de su vida. Constituyen la «vieja» Francia, viva y sana hoy en día, sobre todo en el pensamiento y en el corazón de los mayores de treinta y cinco años. Ahora bien, la moda y el estilo se han ido globalizando y homogeneizando cada vez más (y en Francia se ha vuelto multicultural), de modo que no solo hay excepciones, sino que (en la «nueva» Francia) no dejan de surgir nuevas vías, algunas de las cuales, sin duda, no cuajarán. Pero puedo mencionar, sin riesgo a equivocarme, las piezas básicas de un guardarropa francés, como un buen cárdigan de un color neutro. (En Francia muchas chicas llevan uniforme para ir al colegio, el cual incluye el cárdigan obligatorio, algo que sin duda las marca, pues supone un planteamiento minimalista a la hora de abordar el guardarropa.) Otras prendas básicas son, naturalmente, un vestido negro, una blusa blanca, una chaqueta entallada, unos pantalones ajustados de buen corte, un conjunto de viaje elegante pero cómodo, una gabardina clásica y, por supuesto, pañuelos y cinturones para complementar. Es la breve lista que yo siempre reconsidero. En cuanto a la sensualidad de la ropa interior... Cada año las francesas se gastan más dinero que nadie en el mundo en lencería, pero a diario usan prendas básicas buenas y baratas. Ah, un consejo: nadie se fijará en la marca de la etiqueta de tu ropa interior. Yo corto las mías.

Las mujeres de negocios, las mujeres de cierta edad y Hillary Clinton deben muchísimo a Yves Saint Laurent por haber inventado y popularizado el traje pantalón como elemento de moda. Sin duda un vestido ceñido y atractivo es la prenda más favorecedora que puede lucir una mujer, pero un buen traje pantalón oscuro, bien entallado, puede resultar muy favorecedor a cualquier edad, además de ser de lo más cómodo, especialmente pasados los cincuenta. Es la prenda obligatoria de las francesas a quienes gusta la ropa estructurada y refinada, así como una combinación perfecta para las profesionales del siglo XXI. Llevarlo bien exige conocer tu cuerpo para poder jugar con los detalles, desde el corte o los hombros, hasta el cuello y el ancho. Negro (especialmente para la noche), azul marino, gris y granate son los colores que seguimos prefiriendo, por lo menos las que somos pragmáticas.

A menudo una alternativa menos cara y más flexible es la del blazer oscuro o de colores, mágico e intemporal, combinado con un par de pantalones de buen corte y de color más oscuro, lo que nos estiliza. A las francesas nos gusta porque nos da mucho más juego, empezando por la longitud y el color. Nos encanta tener infinitas opciones. Es un poco como ponerte a cocinar y preparar tres platos a partir de una sola base, y casi sin esfuerzo. Solemos preferir las chaquetas entalladas que llegan justo debajo del trasero. Los colores pastel son espléndidos para la época que va de la primavera al otoño, y aportan un toque de delicadeza al aspecto general. Mi marido me lo recordó la vez que la primavera pasada, mientras andábamos cerca de nuestra casa en París, vimos a una mujer (supongo que rondaría los setenta) de nuestro barrio con una chaqueta rosa pálido y unos pantalones púrpura claro que eran increíbles. El diseñador Elie Saab usó estos tonos en su colección, que se basa en el refinamiento y la elegancia discreta. Nuestra gran dama de la margen izquierda calzaba unos mocasines color hueso y llevaba un bolso de mano grande. Estaba despampanante. Lo lucía todo con encanto y elegancia, y proyectaba una delicadeza maravillosa, además de celebrar su edad. Muchas mujeres clásicas se decantarían más bien por un tono azul oscuro, un azul de Ives Klein o un verde esmeralda como elemento destacado, y llevarían todo lo demás en colores más oscuros. Se trata de elegir lo que case con el color de tu pelo y tu tez, tu aspecto general y lo que quieres proyectar. No hay nada como conocerse bien a una misma.

Cuando me retiré de mi vida empresarial, imaginé que nunca más compraría vestidos, ya que tengo debilidad por los trajes pantalón. Pero un día de noviembre de 2011, cuando estaba en París, pasé por delante de la tienda del distrito 6 de mi actual diseñadora favorita, Béatrice Ferrant, y vi un vestido sensacional en el escaparate. Cuando entré, la dependienta le decía a una clienta que todas las prendas estaban rebajadas un cuarenta por ciento porque a final de año echaban el cierre definitivo.

Me gusta esta diseñadora por la esencia de su línea y por su toque de romanticismo. Sus prendas son elegantes, están bien confeccionadas y son piezas de alta costura cómodas y a precios de *prêt-à-porter*. Me probé el vestido color ciruela con un pequeño cinturón de cuero y resultó que me quedaba perfecto. Me dije a mí misma que no necesitaba ningún vestido, pero no podía dejarlo escapar. De modo que me hice un regalo de Navidades anticipado (hay que ver cómo racionalizamos a veces los caprichos que nos damos). Unos meses después me lo puse para asistir a una fiesta en Nueva York, y no recuerdo haber recibido tantos cumplidos sobre mi ropa, de hombres y de mujeres por igual, en mucho tiempo. Sorprendí a mi marido, que se quedó pasmado al verme y dijo que debería llevar vestidos más a menudo. Admito que me sentaba bien, y cuando te sientes estupenda con un conjunto, sabes que es así. Los cumplidos solo son una gratificación añadida.

Al final resultó que la tienda no cerró, sino que se convirtió en un punto de venta con cita previa. Hace poco organicé una larga conversación con Béatrice sobre moda, tendencias y lo que las mujeres deberían o no deberían llevar. Es una persona encantadora y está muy ocupada expandiéndose por China, donde asegura que existe una gran necesidad de educación sobre códigos de vestimenta, además de haber muchas mujeres de negocios a quienes les encanta la moda francesa y están ansiosas por aprender. Hasta le está echando el ojo a América. Me entusiasmó. Es una mujer de fuertes convicciones que sabe cómo vestir a las mujeres.

Las ideas de Béatrice proceden de su experiencia laboral en las empresas de grandes diseñadores antes de montar su propio taller, de viajar muchísimo y de observar. Viste a mujeres de dieciocho a ochenta años y cuenta con muchas clientas de entre cincuenta y sesenta años que se dedican a los negocios y a quienes aconseja evitar el negro. Eso me dejó de piedra. Según ella, la mayoría de mujeres tendría que evitarlo. Y ahí estaba yo, vestida de negro de pies a cabeza. Puede que este fuera el único punto en el que estaba en desacuerdo con ella hasta que aseguró que, en mi caso, el negro era uno de los colores que más me favorecían. Gracias. La idea es que, si te sientes bien de negro, sigue llevándolo. Coincido con ella en que pasada cierta edad muchas mujeres parecen mayores de lo que son si visten de negro. Tal vez en Francia se asocie inconscientemente este color a una mujer mayor viuda, aunque la práctica del luto es una tradición en declive. Cuando falleció mi padre, mi madre vistió de negro un solo día: el del funeral. No lo soportaba, y se veía fatal... «agotada», aseguraba. ¿Por qué llevarlo, entonces? Para Béatrice y para muchas francesas, incluida yo misma, el azul marino, el gris marengo, el berenjena, el burdeos y el morado oscuro son el nuevo negro. Resultan más suaves. El color da vida. Úsalo, pero piénsatelo antes de elegir el naranja o el rojo vivo pasados los cincuenta.

Que una mujer madura adopte un aspecto juvenil no es algo que a las francesas les entusiasme. Gracias a las opciones que existen hoy en día, no hay por qué vestir como una vieja a ninguna edad, pero en Francia siempre elegimos la ropa con cierto respeto, lo que no significa que no puedas usarla para expresar tu personalidad o para hacer que se fijen en ti. Los complementos representan una buena alternativa: unas gafas de sol bonitas, un pañuelo de cuello *vintage*, un cinturón original o un broche en la chaqueta; todas somos capaces de encontrar algo que nos favorezca. Mi amiga Mélanie, una parisina tan entusiasta de la moda que es conocida entre sus amistades como una diseñadora frustrada, a sus casi sesenta años sigue divirtiéndose jugando con detalles como sustituir los botones habituales de un blazer oscuro por botones de perla comprados en el mercado de Saint Pierre de Montmartre, o añadiendo un cuello de puntilla a un viejo vestido negro.

Las texturas y los tejidos también son importantes: por lo general, las francesas prefieren materiales suaves, cálidos y cómodos como el algodón, la lana, la franela (¡algunas crecimos llevando ropa interior de franela de Damart!), el punto, el terciopelo y el cachemir, así como los nuevos tejidos que hacen que la ropa sea asequible, informal y abrigada, como la mezcla de algodón y cachemir, de viscosa y cachemir, de seda y algodón.

Béatrice es contraria a los vaqueros (y lo es vehementemente), a los leggings, o mallas, llevados como pantalones (salvo en casa), a los pantalones con peto, a cualquier prenda de la parte superior que carezca de forma (lo que, por desgracia, es cada vez más habitual dado que hay más mujeres con sobrepeso que creen que una prenda holgada y sin forma oculta esos kilos de más), a las zapatillas deportivas, a los zapatos de plataforma y a las botas de caña alta. Como dije, es una mujer de fuertes convicciones. Se enorgullecía en describirme cómo se viste cuando vuela. Cómoda, sí; informal o desaliñada, no. En un avión, nunca. Y tampoco en la calle. Ni en ninguna parte. Le encantan las faldas de tubo, aunque no por encima de la rodilla después de los cincuenta, y lleva la suya un poco holgada para evitar ir apretada y dejar que tenga caída. También los cárdigans largos por encima de los pantalones. Cree que los cinturones van muy bien para conseguir un segundo conjunto a partir de uno básico. Le encantan los vestidos, y considera que invertir en un abrigo bonito con un corte favorecedor es una sabia elección; no de esos grandes que pronto se pasan de moda, sino de un estilo proporcionado. No diseña prendas para tapar sino para revelar, y le gusta que la miren.

Coco Chanel dijo: «No consigo entender que una mujer salga de casa sin arreglarse un poco, aunque solo sea por educación.» Lo que opinaba mi madre era una variación del mismo tema: «Nunca sabes con quién te vas a encontrar.»

Recuerdo que los sábados por la tarde acompañaba a mi madre al cementerio para llevar flores frescas a las tumbas de la familia. Siempre se cambiaba para la ocasión, aunque para mí ya iba bien y, además, el cementerio estaba a la vuelta de la esquina. Daba igual. Según ella, vestirse correctamente era también una muestra de respeto, a una misma y a los demás. Es importante tener cierto decoro. Muchas veces nos cruzábamos con personas importantes, y mi madre me dirigía entonces una mirada de «te lo dije».

Aun así, es difícil definir el estilo; consiste en ser tu propia marca, pero surge de un talento para la vida o alegría de vivir, y puede ser innato o inconsciente, aunque es fácil reconocerlo. Tiene que ver con la individualidad (tal vez eso explique por qué las francesas, especialmente las parisinas, son individualistas inveteradas), la vivacidad, la pasión, el dinamismo, el entusiasmo y la curiosidad.

A algunas mujeres todo esto les suena banal, ya que consideran que la ropa solo existe en la superficie, pero lo cierto es que esto no es lo mismo que ser superficial. La ropa tiene que ver, al fin y al cabo, con la comunicación entre una persona y todos los que la ven. Yo lo considero más bien como un instinto humano básico, que es universal, además.

Todos vamos vestidos y elegimos qué nos ponemos, y nadie tiene el menor escrúpulo a la hora de juzgar la ropa de los demás.

La idea que tenía mi madre sobre la seducción, la belleza, la elegancia o la distinción era que todas estas cuestiones estaban relacionadas entre sí, y su lema era sencillo: «Sé natural, conserva el sentido del humor y haz lo que sea necesario para sentirte bien en tu propia piel sin torturarte.» La belleza, como la edad, es una actitud. Para mí, la elegancia es también una silueta, una mirada, una sonrisa. Cuando existe, la gente la percibe.

Diana Vreeland, la parisina que ha llegado a ser un gran icono de la moda estadounidense, afirmó sobre el estilo y la elegancia: «El estilo lo es todo... El estilo es una forma de vida. Sin él, no eres nada.» Y añadió: «Para tener estilo, tienes que haber nacido en París.» Bueno, eso podría ayudar. En cuanto a la elegancia, Vreeland aseguró: «La única elegancia real es mental; si la tienes, lo demás proviene de ella. La elegancia es innata. Es una actitud que funciona a cualquier edad. Es algo a lo que aferrarse.»

Vestirse con estilo, tener estilo, no guarda relación con la edad; es un cóctel que se prepara con cantidades iguales de sensibilidad, personalidad, audacia (sin llegar al extremo) y algo de clase natural. Puede que esto último sea lo más difícil de conseguir, aunque todos aspiramos a ella (¿acaso no es «¡qué clase!» el mejor cumplido que puede hacer un hombre a una mujer?). El mejor estilo es auténtico, natural, y surge sin esfuerzo. Una mujer puede olvidar que lo tiene, pero cuando se fijan en ella, se lo recuerdan.

3

Cuidado de la piel y un nuevo rostro

Mi madre, original de Alsacia, solía llamarlo un *kaffeeklatsch*, una reunión con amigas para conversar, debatir y cotillear con una taza de café en la mano. Estoy segura de que en ninguna de estas reuniones se habló jamás sobre las ventajas del Botox por encima de algún truco antienvejecimiento casero como el aceite de argán. Pero, como signo de los tiempos, el verano pasado participé, con otras tres amigas, en una de esas reuniones para tomar café, en nuestra casa del sur de Francia. Y en lugar de café, las cuatro, muy francesas, tomamos distintos tipos de infusión. Éramos dos parisinas y dos neoyorquinas de adopción; todas chicas, ¡incluido un chico que vivía en Nueva York!

Él estrenaba la cincuentena y acababa de llegar a París, donde se había sometido a una de sus «sesiones bianuales de Botox». Para él es como darse un masaje para sentirse mejor, y trató de convencernos de que lo imitásemos. «Es rápido, práctico, asequible...» Esta filosofía es más típica de Nueva York que de Francia, aunque haya francesas que usan Botox (ninguna de las tres restantes lo ha usado, ni se plantea hacerlo, aunque nunca se sabe, porque diez años atrás no me habría imaginado tener esa conversación).

Iniciamos una discusión acalorada sobre los posibles

efectos secundarios, costes, repetición de sesiones, aspecto entre ellas y el efecto aguja (que le quita las ganas a cualquiera), pero también sobre en quién confiar, ya que los mejores médicos suelen estar ocupados atendiendo a famosas y los de segunda línea que se dedican a ello son, quizás, un poco dudosos. De acuerdo, puede que si uno tiene un problema de asimetría facial, o una arruga profundísima, las ventajas del Botox sean más evidentes, pero ¿para las arruguitas propias de la naturaleza? ¿Hacerte un tratamiento para empezar a envejecer otra vez en cuanto acaban sus efectos y volver a verte, más pronto que tarde, como estabas antes? ¡Oh! ¿Y qué me dices de tener la frente y las demás partes del rostro tersas y perfectas gracias al Botox y el resto, no? Mira el cuello, mira el dorso de las manos. Hay algo básico en la mentalidad francesa que es contrario a estos métodos: anuncian al mundo que te has hecho algo que no es natural, y solo eso ya constituye un argumento convincente contra la mayor parte de intervenciones «milagrosas».

Todas coincidimos en que nos gustaría tener unas arrugas más suaves (aunque lo ideal sería no tener ninguna arruga, claro), pero queríamos conservar nuestro aspecto, nuestra sonrisa, la expresión de nuestro rostro, y nos dimos unos cuantos consejos al respecto, algo que las francesas no siempre están dispuestas a hacer. Véronique fue una gran fumadora y tomó mucho el sol hasta que cumplió los cuarenta y cinco, y su cutis empezó a traicionarla y a mostrar señales de esas agresiones. Era más joven que el resto de nosotras, pero también la que tenía el rostro más «ajado». Como esposa de un chef y encargada de un restaurante y un hotel de lujo, llevaba una vida estresante que conllevaba dos meses durísimos de trabajo compensados con una semana al sol para descansar; no es el mejor régimen, pero ha sido su rutina durante veinte años. No cabe duda de que buscaba una receta milagrosa.

Nadine lucía el mejor cutis: había crecido con una prima

marroquí que utilizaba aceite de argán como tratamiento de belleza, y los últimos veinte años ha seguido su consejo y se ha puesto una gotita en la cara cada noche, después de su ritual de limpieza facial. Funcionó. Tiene un rostro luminoso, los poros bajo control y la piel algo grasa, lo que es fundamental, especialmente pasados los cincuenta.

El aceite de argán, que se obtiene de las nueces de argán que crecen sobre todo en Marruecos, es excepcionalmente rico en vitamina E natural, así como en fenoles y ácido fenólico, carotenos, escualeno, ácidos grasos esenciales y algunos ácidos grasos insaturados. Este aceite se puede obtener con creciente facilidad, y las empresas de productos cosméticos lo utilizan cada vez más en sus cremas antiedad. Por desgracia, no es barato, ya que un árbol produce solo un litro de aceite al año (aunque una botella puede durar mucho tiempo).

¿Es, pues, el aceite de argán el secreto de Nadine? Tal vez, pero nunca sabremos cuánto se debe a la genética. Ella asegura que su hermana menor parece mayor que ella. También lleva a cabo algunos «tratamientos de belleza» de modo regular, desde limpieza de cutis con manzanilla y lavados con zumo de limón hasta mascarillas de arcilla, todos ellos realizados en la intimidad de su hogar. Bebe mucha agua, come fruta y verdura en abundancia y va andando a todas partes. Está convencida de que su receta le funciona y si la deja un tiempo nota la diferencia. Yo también estoy convencida de ello.

Estos últimos años perfeccionó su rutina y a modo de pequeño estímulo le añadió aceite de altramuz por la mañana. Sí, una vez más recuperó un viejo remedio casero, ya que el aceite de altramuz no es nada nuevo. ¡Ovidio solía decir que, después de una noche de sueño, no había nada mejor que aplicarse un poco de altramuz en el cutis! Recuerdo los arbustos de altramuz en el jardín de mi madre, con sus espléndidas flores azules y blancas de tallo alto, que me gustaban más incluso que sus rosas. Al parecer, recientemente los laboratorios han «redescubierto» el poder de la flor de altramuz, dado que sus proteínas se convierten en nutritivos lípidos que hidratan a la vez que proporcionan a la piel una textura aterciopelada. No está mal. Además, las proteínas del altramuz favorecen la renovación celular y refrescan el tono de la piel. Una empresa japonesa ha sacado un producto basado en el atramuz, y ahora varias marcas mundiales están trabajando eficazmente con esta planta.

Nadine pertenece a la clase de francesas partidarias del «conócete a ti misma»; admite que ha probado algunos remedios disparatados y que ahora está preparada para la etapa siguiente. «Todo se reduce a las tres P: prevención, planificación y preparación», asegura. Y cuando Véronique, sorprendida, le preguntó de dónde sacaba la energía, Nadine respondió: «En sus dos terceras partes se trata de una cuestión mental.» No estoy demasiado segura de eso. Sin embargo, mantener una actitud positiva y dinámica y llevar a la práctica un plan para realizar ajustes mentales, físicos y exteriores, hará que suba un nivel... o dos... o tres tu energía y tu aspecto. ¿Y Véronique? Ahora utiliza diariamente aceite de argán, aunque un poco tarde.

Lo que todo esto nos dice sobre la actitud de muchísimas francesas es que están buscando sus propias rutinas, sin emular a las famosas ni comprar cremas que prometen «hacer retroceder el tiempo». Optan por productos naturales, cada una a su manera.

Las francesas poseen un gran variedad de cremas con las que cuidarse, y a algunas les encanta rebuscar en las farmacias, llenas de estos productos. La última empresa de productos cosméticos francesa que se ha globalizado es Sephora. Históricamente, las francesas parecen haberse cuidado mejor la piel y haberle proporcionado más mimos y atenciones que las mujeres de otros países, un componente del modo de vida galo que se ha exportado en los últimos veinte años.

Si bien las cremas no solucionan determinadas situaciones, como algunos procedimientos médicos invasivos, forman parte de un espíritu general de conservación, cuidados y mimos que produce efectos positivos. Ahora bien, esta práctica se halla vinculada a expectativas y objetivos que no están orientados a obtener resultados extremos y poco naturales, sino a conservar y cuidar el «exterior».

Ciertos tratamientos agresivos, como un lifting, deberían utilizarse como remedio en una etapa avanzada, no para empezar. Usar aceite de argán, como hace Véronique, se incluye en la categoría de las importantísimas e infravaloradas «medidas preventivas». La primera de la lista es la hidratación en general. Y para las francesas, esto constituye una religión. Las francesas han usado desde siempre la línea de productos de Nivea, por ejemplo, del mismo modo que las estadounidenses usan la línea de productos de Vaseline. Ambas marcas son baratas, pero de una calidad razonablemente alta y pueden utilizarse en todo el cuerpo. (No te saltes ni un solo día la hidratación corporal.) De modo que si te preocupa ahorrar dinero o tiempo, estas soluciones son buenas.

LOS CAMBIOS DE LA PIEL A LO LARGO DE LOS AÑOS

En el clásico filme *El graduado*, de 1967, el joven Benjamin, interpretado por Dustin Hoffman, no tiene claro su futuro. Un amigo mayor de la familia le aconseja dedicarse a los «plásticos», sugiriendo que esta nueva tecnología es la clave de una próspera carrera profesional, la riqueza y la felicidad. Entonces y ahora, la sugerencia de que los «plásticos» son la respuesta a preguntas importantes de la vida es cómica e irónica. En lo que concierne a la piel y el envejecimiento, sin embargo, una sola palabra permite explicar por qué y cómo envejece nuestra piel y qué podemos hacer al respecto: colágeno.

El colágeno es la proteína fibrosa que compone más del ochenta por ciento del peso seco de nuestra piel. A partir de los veinticinco años, aproximadamente, la producción de colágeno empieza a reducirse. Según nuestras condiciones hereditarias (fuera de nuestro control) y nuestra nutrición y condiciones ambientales (sobre las que ejercemos control), en algún momento empiezan a aparecer arrugas, que son visibles a partir de los cuarenta. La mayoría de métodos no quirúrgicos para reducir las arrugas y verse más joven se basa en el aumento del colágeno.

El otro elemento importante de nuestra piel que afecta al aspecto es la elastina, que, como el colágeno, es una proteína estructural. Constituye alrededor del cuatro por ciento de la piel y, como su nombre sugiere, proporciona elasticidad, lo que permite que la piel se recupere sin dejar arrugas. Con la edad, la elastina no solo pierde la capacidad mágica de estirarse y replegarse, sino que puede dañarse, de forma que una elastina menos eficaz sustituye la red de esta fibra.

Los cambios de la piel, especialmente en la cara, el cuello, los brazos y las manos, son las señales más visibles de la edad y el envejecimiento. No se producen de la noche a la mañana, sino que se acumulan a lo largo del tiempo y empiezan a hacerse evidentes hacia los treinta y cinco años.

No es ningún secreto lo que nos espera entre los veinticinco y los cuarenta: la aparición de arrugas, finas al principio, más pronunciadas después. La capa externa de la piel, o epidermis, se adelgaza, lo que incrementa su propensión a lesionarse, y a medida que nuestra piel envejece, se repara con mayor lentitud (las heridas pueden tardar entre dos y cuatro veces más en curar). El color de la piel es más pálido, o incluso translúcido, porque el número de células que contienen pigmento (melanocitos) disminuye, mientras que el de las restantes aumenta. Y aparecen así las llamadas manchas de la edad. Debido a la pérdida de masa ósea y al adelgazamiento de la capa adiposa subcutánea, empezamos a tener la piel flácida... y en muchos casos las famosas bolsas bajo los ojos. La flacidez es consecuencia de la gravedad. Con el tiempo lo observamos en todo el cuerpo, pero la razón de que entre los cincuenta y los sesenta veamos que empezamos a tener los párpados caídos, las orejas más alargadas o incluso la nariz más caída es la pérdida de elasticidad. Y, por si eso no bastara, empiezan a aparecer las imperfecciones, excrecencias y hasta verrugas.

PREVENCIONES

Aunque no podemos hacer que el tiempo retroceda, con unas buenas medidas preventivas sí que podemos conseguir que nos afecte más lentamente. Localicemos los problemas habituales. Ya los conoces. Mírate en el espejo y pregúntate si necesitas redoblar tus esfuerzos para aplicar esas medidas preventivas en lugar de creer que un inevitable lifting, o dos, o tres, compensará el que hayas descuidado tu cutis..

La exposición a los rayos ultravioleta del sol es, con creces, el elemento que más contribuye a acelerar el envejecimiento. Conoces los inconvenientes, incluido el cáncer de piel, y seguramente sabes qué hay que hacer. Mantente alejada del sol del mediodía, limita tu exposición a sus rayos, tápate y usa un buen protector solar. La exposición al sol perjudica el colágeno y los tejidos conjuntivos y aumenta la rigidez de la piel. Si se prolonga en el tiempo, el cutis se endurece, agrieta y arruga, como el de un agricultor viejo.

Algo que también puedes hacer para prevenir un envejecimiento prematuro de la piel es reducir tu exposición al tabaco y la contaminación atmosférica, y mantener la piel hidratada, en especial cuando está sometida a un clima frío que la reseca. Naturalmente, también hay que evitar una mala nutrición, la falta de sueño y un consumo excesivo de alcohol. Todo ello se refleja en el rostro.

La rutina más importante para lograr que tu piel se vea y esté sana es limpiarla. No te vayas a la cama sin someterla a un tratamiento de limpieza que, además, te abra los poros. El jabón puede resecar la piel, de modo que cuando lo utilices no te olvides de hidratarla después. Lo mejor es encontrar un buen limpiador facial o usar la crema fría de siempre.

Va bien exfoliar periódicamente la piel, por ejemplo, una vez a la semana, para eliminar las células muertas. Los métodos de exfoliación abarcan desde el más sencillo, que consiste en usar agua caliente y frotarse enérgicamente la cara describiendo círculos con un paño, hasta el empleo de algún exfoliante o de las mascarillas que ofrecen prácticamente todas las empresas de productos cosméticos. (Los hombres lo consiguen afeitándose con una buena maquinilla, aunque nadie lo diría a la vista de la cantidad de nuevos productos faciales y de belleza destinados a ellos que han aparecido últimamente.)

Según lo grasa que sea tu piel, quizá tengas que hidratarla después de limpiarla y, especialmente, de exfoliarla. Pero cuidado: un exceso de hidratación puede obstruir los poros.

Y no olvides los dos mejores aditivos de la naturaleza: el agua y una dieta rica en vitaminas A, B, C y E. Lo último que hago antes de acostarme y lo primero al levantarme es beber un vaso de agua.

CUIDADO COSMÉTICO
ANTIENVEJECIMIENTO

Cuando viajo en avión de Nueva York a París, lo que ocurre a menudo, paso por las tiendas libres de impuestos del aeropuerto y las veo atiborradas de asiáticos, incluida la tripulación de los vuelos. Las mujeres compran cosméticos y perfumes. No es difícil imaginar que los precios tienen que ser mucho más bajos que en sus países. Como la terminal de Air France del JFK acoge las dos principales aerolíneas chinas, he descubierto que muchas de estas clientas son de esta nacionalidad. Estos productos «de lujo» tienen elevados aranceles de importación en China, de ahí las visitas a las tiendas libres de impuestos del aeropuerto JFK de Nueva York y la gran cantidad de dependientes que hablan chino y trabajan las horas previas a las salidas de vuelos a ese país.

Lo que también he visto, y me llevé una sorpresa, es que las mujeres compraban cantidades enormes de los productos antiedad de nueva generación como el Advanced Night Repair de Estée Lauder (definido como «Complejo de reparación sincronizada», o *Complexe de réparation synchronisée*), descrito como un sérum. La línea Re-Nutriv de Estée Lauder también parece ser una de las favoritas de las clientas de las tiendas libres de impuestos.

Veamos, Estée Lauder es una empresa buena, acreditada y, en este caso, representativa. Podría haber usado Lancôme, o cualquier otra de un puñado de marcas que actualmente ofrecen una gama de pociones para conservarse más o menos joven en un tarro o en una botella.

Estas cremas antiedad son caras y, para obtener los resultados anunciados contra la flacidez, las arrugas o las manchas, exigen un uso diario durante varias semanas.

Como los más de cuarenta millones de estadounidenses mayores de sesenta y cinco años pasarán a ser ochenta y ocho millones en 2050, no hay duda de que este constituye un sector en crecimiento para las empresas de productos cosméticos. Si tenemos en cuenta que actualmente viven en China doscientos millones de personas mayores de sesenta años, y que la población mundial de las personas de esta franja de edad alcanzará los dos mil millones en 2050, veremos que dirigirse a la población mayor es un fenómeno del siglo XXI y una oportunidad de negocio global, así como una prioridad de los departamentos de I + D (investigación y desarrollo) de las empresas de productos cosméticos. Ha llegado la era de las arrugas.

En la actualidad se califica estos productos de cosméticos, ya que todavía no se ha demostrado su eficacia médica. Gracias al uso de palabras como «sérum», «ADN» e incluso «laboratorio», se los presenta o disfraza como si de medicinas se tratase.

No tengo la menor duda de que con toda la inversión que se hará para encontrar las cremas y los líquidos más eficaces, llegará el día en que constituirán una clase probada de «medicinas» eficaces, o por lo menos de tratamientos con resultados comprobados. Tampoco dudo de que la mayor parte de lo que hoy ofrecen las marcas de cosméticos acreditadas tenga algunos efectos beneficiosos, como reducir entre un cinco y un diez por ciento las arrugas visibles. Estée Lauder asegura que los productos de su línea Advanced Night Repair han sido probados y su eficacia demostrada, y que «un ochenta y ocho por ciento de las mujeres afirmó que su piel lucía más suave y radiante, y también más hidratada». Lo creo... y las mujeres creen que su aspecto es mejor. Y creer que tu aspecto es mejor constituye una importante medicina de tipo psiconeuroinmunológico. Como ya he dicho, creer es un remedio potente.

Finalmente, en mi opinión estos sérums antiedad no solo no perjudican sino que seguramente van bien, aunque sea a un precio exagerado. Pero también estoy segura de que una buena limpieza de cutis y el uso de una loción o crema hidratante y un protector solar económicos proporcionan actualmente la poción antienvejecimiento más eficaz de todas.

TRATAMIENTOS

Como soy francesa, creo que cada mujer debería tener un tratamiento «secreto» que le proporcionara la oportunidad de mimarse y obtener resultados que la hagan sentirse más segura de sí misma. Para algunas mujeres, un «tratamiento» puede significar un simple remedio casero, como una mascarilla relajante una noche tranquila. (A mí me gustan algunos rituales de este tipo que mi madre me enseñó, aunque hoy en día existan versiones comerciales que seguramente funcionan bien o incluso mejor. ¿Los uso por respeto? ¿Por nostalgia? Quizá, pero los uso en primer lugar porque funcionan.) Algunas personas prefieren tratamientos más invasivos.

Ahora bien, me he dado cuenta de que muchas mujeres no saben en lo que se están metiendo, porque los resultados que prometen una gran cantidad de tratamientos de belleza, poco menos que una fuente mágica de la juventud, suelen ser engañosos. Hay mujeres que prueban todos los tratamientos nuevos y se gastan cientos y hasta miles de dólares sin llegar a sentirse nunca bien consigo mismas. La clave está en las expectativas, y tenemos que diferenciar los beneficios psicológicos de algunas de estas cremas, sérums y elixires, que se venden sin necesidad de receta, de sus resultados externos. Pero esta es una pregunta personal que más vale hacerse delante del espejo.

Si alguna vez te has sentido abrumada por la cantidad

de tratamientos de «belleza» que existen... no eres la única. No faltan opciones, la mayoría de ellas, con nombres que suenan muy técnicos, afirman cosas que parecen dudosas (¿pueden eliminar realmente todas mis arrugas?) o, en el mejor de los casos, vagas (¿cuáles son los efectos reales de un peeling químico?).

No pretendo ser una experta en tratamientos de belleza, y no puedo hablar de ninguno de ellos por experiencia; sin embargo, creo que las mujeres mayores de cuarenta años tendrían que saber por lo menos cuáles son los resultados verdaderos de cada uno de estos tratamientos, así como los beneficios y los riesgos asociados con cada uno de ellos antes de dedicarles tiempo o dinero.

Peeling químico. Es un término amplio que se utiliza para varios tipos de tratamientos en los que se aplican en el cutis, con la intención de «quemar» la piel, ácidos como el glicólico, el tricloroacético, el salicílico o el carbólico (fenol). Este procedimiento destruye parte de la piel de forma controlada para que en su lugar pueda crecer otra nueva.

El tipo de ácido que se aplica determina la profundidad del peeling. Algunos ácidos son más suaves y se limitan a eliminar una capa de epidermis, a menudo solo las células de piel muerta, pero los ácidos más fuertes profundizan más en la epidermis y eliminan mayor cantidad de piel. Estos últimos conllevan, naturalmente, un riesgo mayor.

Este riesgo puede oscilar desde una ligera sensación de escozor y un enrojecimiento, hasta una hinchazón, cambios permanentes de color en la piel e incluso cicatrices. Y recuerda: todos los peelings químicos provocan una mayor sensibilidad a la luz solar.

Los defensores de los peelings químicos informan de que la piel queda más suave y con una textura más regular. Muchas mujeres afirman que los peelings químicos proporcionan un cutis más radiante y de aspecto juvenil, lo cual tiene sentido si piensas en el proceso. Se trata de eliminar, literalmente, piel vieja y dejar al descubierto piel nueva, más joven, que los factores ambientales no han curtido todavía.

Microdermabrasión. Es un procedimiento menos invasivo que consiste, básicamente, en una exfoliación. Un profesional usa un instrumento abrasivo para eliminar las células de piel muerta de la superficie de la piel. Esta acción contribuye asimismo a estimular el flujo sanguíneo hacia la epidermis, lo que reduce la aparición de arrugas. El único riesgo es un poco de dolor (se ha descrito la sensación que produce como si te pasaran papel de lija por la piel), enrojecimiento o sensibilidad que suele desaparecer al cabo de pocas horas.

Fotorrejuvenecimiento. Conocido también como IPL (tratamiento con luz pulsada intensa), utiliza las longitudes de onda de la luz para penetrar la piel y corregir los desequilibrios de color como las manchas del sol y las manchas de la edad, las erupciones, la rosácea y los capilares rotos. Aunque puede mejorar el aspecto de la piel en conjunto, no es recomendable como tratamiento antiarrugas. No existe prácticamente ninguna molestia asociada; ahora bien, el IPL conlleva un pequeño riesgo de quemaduras en la piel si no se hace correctamente. Serán necesarios entre tres y cinco tratamientos, repartidos entre tres y seis semanas. Cuanto más perjudicada por el sol o enrojecida tengas la piel, más tratamientos necesitarás. En Estados Unidos, cada sesión cuesta unos cuantos cientos de dólares (según el lugar), por lo que varias sesiones pueden costar entre mil y dos mil dólares (aproximadamente entre setecientos cincuenta y mil quinientos euros). Ahora bien, los resultados pueden durar entre dieciocho meses y veinte.

Y, por supuesto, la palabra que le viene a la cabeza a todo el mundo al hablar de tratamientos. La infame palabra que empieza por be.

Botox. Aunque da la impresión de que ha existido siempre, en Estados Unidos fue aprobado por la Agencia de Alimentos y Medicamentos (FDA) en 2002, año en que se propagó como un reguero de pólvora en Hollywood y el mundo del espectáculo en general. Sin duda, convirtió los cincuenta en los nuevos cuarenta.

Pronto había mujeres de todo el país que acudían a escondidas a las consultas de los médicos, y la expresión «está bien para su edad» pareció multiplicar su uso por cuatro. El año pasado, hubo más de cinco millones seiscientos mil tratamientos a base de Botox declarados en Estados Unidos, cantidad que aumenta un cinco por ciento cada año.

La razón de que este fenómeno esté tan generalizado es que, hay que admitirlo, ¡funciona! Reduce las arrugas. A veces demasiado, tanto que ha sido motivo de bromas sobre lo «petrificada» que les ha quedado la cara a muchas mujeres (y también hombres) que se han pasado un poco con él.

Casi el ochenta y dos por ciento de los pacientes tratados con Botox muestran una mejora visible a la semana de tratamiento. Pero, como todo lo bueno, el efecto no dura para siempre. Y se inicia así un ciclo en el que para mantener la ilusión es necesario utilizarlo constantemente.

El Botox también cuesta lo suyo (en Nueva York, un promedio de trescientos ochenta dólares —es decir, cerca de trescientos euros— por tratamiento, que seguramente habrá que repetir cuatro veces al año, ya que los resultados suelen durar entre tres y cuatro meses, y eso es solo el primer año).

Como sucede con cualquier tratamiento, el Botox conlleva ciertos riesgos, como dolor y hematomas en el lugar donde se inyecta, dolor de cabeza y debilidad muscular temporal. Y, aunque es muy poco probable, es posible experimentar signos y síntomas parecidos a los del botulismo, como náuseas, dolor corporal y debilidad.

En mi opinión, sin embargo, el mayor riesgo sería el hecho de que puedes pasar a depender de un procedimiento que, con el tiempo, en efecto te petrifica la cara. Para mí eso no es envejecer con actitud positiva, sino, quizá, con la felicidad de la ignorancia. Me pregunto si llegará el día en que la ausencia de arrugas sea la única forma de detectar la vejez.

De modo que soy contraria a la aguja. Pero nunca se sabe. Tengo una amiga muy lista, escritora y redactora sobre temas de salud y belleza, que usa Botox y lo defiende. No obstante, lo considero un procedimiento dudoso. Tendré unas cuantas arrugas y dedicaré mi tiempo y mi dinero a mejores causas.

Casi hemos llegado a los liftings del título, pero a estas alturas ya tendría que ser evidente que en mi opinión existe una enorme cantidad de cosas que pueden y deberían hacerse antes de plantearse un lifting. Yo me he resignado a la realidad de que siempre los ha habido y seguramente siempre los habrá. Y, en algunos casos, estoy a favor de ellos. Comprendo perfectamente que si te ganas la vida en algo para lo que necesitas un buen rostro, como ser locutor de televisión o actor, te llegue antes que a los demás el momento en que necesites beneficiarte de todos los avances científicos a tu alcance para seguir trabajando. Cada vez hay más hombres que se suman a las mujeres en el interés por conservar un aspecto adecuado con y sin el traje de ejecutivo (en las revistas, ya damos por supuesto que todas las fotos están retocadas con Photoshop). En Estados Unidos, la gente parece querer proyectar juventud, mientras que en Francia quiere verse cómoda consigo misma y relajada.

AÑADIR UN POCO DE CALOR

Con tantos miembros de la generación del *baby boom* a los que diariamente les salen arrugas (hay más gente viva en esta categoría que toda la gente que tuvo arrugas en la historia de la humanidad), existe un gran mercado que pide nuevos antídotos científicos como alternativa al bisturí o quizá como fase final antes de un lifting.

Sin duda, en un futuro próximo la ciencia, la tecnología y las empresas del sector ofrecerán nuevas opciones médicas para combatir las arrugas y las señales evidentes de la edad. La medicina en general está cambiando rápidamente, con descubrimientos y aplicaciones que reescriben los libros de texto sobre remedios y tratamientos a una velocidad jamás vista en la historia... y acelerando. Es imposible predecir qué contendrán nuestros botiquines dentro de diez años. Crucemos los dedos. La ciencia está trabajando en ello.

Recuerda que la palabra clave es «plásticos»..., quiero decir, «colágeno». Un nuevo procedimiento anterior al lifting, fascinante y prometedor, utiliza las ondas de radio o los ultrasonidos para incrementar la producción de colágeno. Se aplica calor a la cara y ya está: en un estudio clínico, se consiguió el treinta y siete por ciento de los resultados de estiramiento de la piel de un lifting convencional. Tal vez exista una forma de aplazar lo inevitable.

Estas variaciones de un masaje con calor, en el que se calienta la piel a una temperatura de entre 40 y 65 °C produce un dolor mínimo, y no es necesario permanecer oculta mientras te recuperas. Un tratamiento o una serie de ellos puede proporcionar un aspecto más juvenil y estirar la piel flácida de la mandíbula y otras zonas.

Las principales empresas que desarrollan estos procedimientos y sus productos son Solta Medical, Inc. (Thermage); Ellman International, Inc. (Pellevé); Ulthera, Inc. (Ultherapy) y Syneron Medical Ltd (ReFirme).

Según el director de Ultherapy, este tratamiento «contribuye a retrasar los signos de la edad elevando y estirando la piel de modo no invasivo a lo largo del tiempo». Su método consiste en saltarse la superficie de la piel y, a través del calor del ultrasonido, llegar a capas más profundas de la piel y estimularlas, a menudo en las mismas zonas que aborda la cirugía. Esto, a su vez, tiene la finalidad de aumentar la producción de colágeno, que se acumulará con el tiempo, especialmente en dos o tres meses, y dará lugar a veces a mejoras continuadas a lo largo de un periodo todavía más largo. El procedimiento de entre treinta y sesenta minutos en la consulta está pensado para obtener resultados... pero puede ser un poco doloroso al principio, según la gran cantidad de informes disponible en internet, la mayor parte de los cuales le conceden una buena puntuación.

Los resultados duran más de un año, incluso dos cuando se solicita un procedimiento «reafirmante» adicional. En Estados Unidos cada vez hay más médicos que ofrecen este tratamiento aprobado por la Agencia de Alimentos y Medicamentos (FDA).

Y la ciencia sigue avanzando.

Un tratamiento que está ganando adeptos es el lifting de células madre, por poner otro ejemplo, aunque todavía no existe ninguna investigación basada en la evidencia que lo respalde ni ningún procedimiento estandarizado. Consiste, simplemente, en añadir células madre, con sus propiedades «potencialmente» rejuvenecedoras, a una solución de grasa corporal que se inyecta, a continuación, en las arrugas y los surcos de la cara. No es un método quirúrgico, desde luego, ni tampoco demostrado. Pero sin duda se convertirá en un elemento más de lo que en el futuro será una larga lista de nuevos procedimientos y técnicas antienvejecimiento basados tanto en la ciencia como en los sueños.

¿HAS DICHO «LIFTING»?

Perdona si soy un poco guasona, pero este libro no trata de los liftings propiamente dichos, ni de no hacérselos. Habla sobre los liftings en el sentido de envejecer con una actitud positiva y de las decisiones que se toman a lo largo de los años. Aquí se utiliza el término «lifting» para referirse en general a todos los métodos invasivos y drásticos que utilizan las mujeres (y los hombres) a fin de hacer retroceder el tiempo o alterar considerablemente la naturaleza.

BAJO EL BISTURÍ (O LA AGUJA) EN TODO EL MUNDO

Estados Unidos es, con diferencia, el país donde se realizan más intervenciones de cirugía estética al año. ¿El segundo? China, y aumentando a un ritmo asombroso. Sorpresa, sorpresa. ¿El tercero? Brasil. ¿Y Francia, un país que admira la belleza femenina y donde las mujeres de cierta edad son modelos de deseo, elegancia y seducción? No se encuentra ni entre los diez primeros. Las francesas buscan un aspecto más natural, y optan por cremas y exfoliantes. De acuerdo, tal vez unas cuantas utilicen un poco de Botox y estén pendientes de lo que comen y visten antes de pasar por el quirófano. Y cuando utilizan algo de magia médica, suelen recurrir a la liposucción.

Si bien Estados Unidos es famoso por la obsesión de sus ciudadanos por los liftings faciales, en realidad el mayor porcentaje de la población que se ha practicado algún tipo de cirugía estética no corresponde a este país. Quien ostenta este lugar es Corea del Sur. De hecho, según un estudio del año 2009, el veinte por ciento de los surcoreanos se ha sometido a algún tipo de cirugía estética, en una inmensa mayoría liposucción o cirugía de doble párpado, que sirve para dar a los ojos un aspecto más occidental. En realidad, este tipo de intervención quirúrgica está muy extendido por todo el continente asiático.

Grecia ocupa el segundo lugar y, en su caso, la cirugía más utilizada es la del aumento de pecho. Y, a pesar de ser famosa desde hace siglos por la belleza natural de sus mujeres, Italia figura en tercer lugar, con una cantidad sorprendente de intervenciones con Botox y de liposucciones.

No es extraño que Brasil se sitúe en la cuarta posición de la lista, ya que allí la cirugía plástica no supone ningún estigma, sino más bien al contrario, suele considerarse un símbolo de posición social. De hecho, el país dispone de programas gubernamentales especiales de deducción fiscal a disposición de los cientos de miles de mujeres que desean colocarse implantes mamarios. En el quinto lugar de la lista figura Colombia, que se ha convertido en una especie de destino para personas que quieren someterse a cirugía estética a precios reducidos.

Estados Unidos no ocupa más que una sexta posición según el porcentaje de población, pero se calcula que el año pasado los estadounidenses pasaron por el bisturí o la aguja más de trece millones de veces, muchas más que en la mayoría de países mencionados anteriormente.

Se observa una relación entre el tipo de cirugía estética y el modo en que el país valora la belleza. No es extraño ver índices elevados de aumento de pecho y liposucciones en países como Estados Unidos, Italia y Grecia, donde la mujer idealizada es delgada pero curvilínea y con los pechos grandes, y normalmente va ligera de ropa.

Después está Asia. Existe una zona en Seúl, Corea del Sur, con más de doscientas clínicas de cirugía estética donde se ofrece lo último y mejor de la tecnología y los conocimientos médicos, que se ha convertido en un destino preferido para los asiáticos. A diferencia de Occidente, donde son frecuentes las intervenciones en los senos, las liposucciones y los liftings, a las asiáticas suele gustarles cambiarse el rostro y el cuerpo para parecerse a sus famosas favoritas. Como lo lees. Son habituales las operaciones de párpados, nariz e incluso estructura ósea. Si quieres un nuevo mentón, podrías plantearte ser uno más de los aproximadamente ciento cincuenta mil turistas sanitarios que visitan esta zona de Seúl (en su inmensa mayoría, chinos), pero sería más bien una cuestión de «belleza», y seguramente de fantasía, y no de envejecer con actitud positiva.

SÍ, HE DICHO «LIFTING»: OPCIONES

Soy consciente de que una mujer está en su derecho a decidir por sí misma si quiere someterse a un lifting o no. Yo no tengo por qué estar de acuerdo. Y hay casos claros en los que se requiere cirugía plástica además de un lifting, como cuando una persona resulta desfigurada en un accidente.

Tengo una amiga de sesenta y pico que tomó un taxi en Nueva York y en un momento dado el coche se quedó sin frenos. Mi amiga se encontró de pronto en el interior de un restaurante, sentada en el taxi, sangrando abundantemente debido a las heridas que se había hecho en la cara al golpear contra el cristal que la separaba del asiento delantero. En la ambulancia, tuvo la presencia de ánimo suficiente para llamar a una amiga y pedirle que se pusiera en contacto con su cirujano plástico y le pidiera que la esperase en el hospital. Iba a necesitar un auténtico profesional para reducir al mínimo las cicatrices y otros efectos adversos. Y aunque al final resultó que las heridas no eran tan graves (mucha de la sangre se debía a que se había roto la nariz), se pasó semanas con moretones y puntos en la cara. Como es una neoyorquina que sabe aprovechar las oportunidades, no solo acabó con una operación de nariz y un lifting, de modo que a los dos meses tenía un aspecto más revitalizado y saludable y parecía unos años más joven, sino que logró que su seguro médico y el seguro de accidentes del conductor corrieran con los gastos.

Probablemente la primera conversación seria que tuve sobre liftings fue a los cincuenta y tantos años, cuando una belleza sureña que es interiorista vino a mi casa de Manhattan, recomendada por una vecina, para ayudarme a entender un proyecto. Era una mujer elegante y atractiva, con el cabello rubio platino, un acento encantador y cariñoso, y facilidad de palabra. A los cinco minutos de conocerla ya estaba hablándome sobre su siguiente lifting como si se tratara de ir al dentista. ¿Quería que me diese el nombre de su cirujano plástico? Me quedé literalmente de piedra. Nunca me había topado con nada ni con nadie así. Su comportamiento era muy poco francés. No solo hablaba abiertamente de los liftings, sino que lo hacía como si pretendiera vendérmelos. Si bien es cierto que conseguí mascullar algunas preguntas, no fue una conversación sino un monólogo magistral. Increíble.

Si lo recuerdo es sobre todo porque, mientras ella hablaba, yo no dejaba de pensar: «Si tienes, pongamos por caso, cincuenta y cinco años, y te ves bien para tu edad, ¿por qué quieres hacerte otro lifting? ¿Cuál será tu aspecto cuando tengas setenta y vayas por tu tercer o cuarto lifting? ¿Te verás ridícula?» Poco natural, seguro. Es imposible ocultar el resto del cuerpo, ya se trate de manos y brazos fofos o cubiertos de arrugas o manchas, aunque no me cabe duda de que se desarrollarán nuevos tratamientos y tecnologías para solucionar esto también.

La cuestión, entonces y ahora, es: piénsate bien cuándo es el momento adecuado, si alguna vez lo es, de pasar por el quirófano. Y, desde luego, a no ser que sufras un accidente o tengas algún problema de salud, mi consejo es esperar. La cantidad de mujeres que se someten a cirugía estética entre los treinta y los cincuenta años (excluidos los aumentos y las reducciones de pecho) es asombrosa.

En cuanto a los liftings propiamente dichos, las opciones son muy sencillas, y las técnicas cada vez más eficaces y localizadas.

En general, un lifting, lo que en jerga médica se denomina una ritidectomía, implica estirar todos los músculos y la piel facial, eliminando así las arrugas y «elevando» la cara, con un notable efecto en la parte inferior del rostro, las mejillas y el cuello. Existen varias subcategorías:

- Frontoplastia: estirar literalmente la frente de alguien y elevarle las cejas.
- Blefaroplastia: cirugía de los párpados que los reduce o los modifica por motivos estéticos o médicos para eliminar el exceso de grasa y de piel así como la hinchazón; a veces incluye un delineado permanente.
- Otoplastia: cirugía para cambiar la forma de las orejas, aunque sirve, sobre todo, para acercar al cráneo las orejas de soplillo.
- Lifting facial del tercio medio: cirugía que estira las mejillas, que también pueden aumentarse mediante implantes, lo mismo que el mentón.
- Aumento de labios.
- Lifting de cuello.

Si te estás planteando hacerte un lifting, es evidente que querrás y necesitarás mucha más información. Mi consejo en este caso procede de mi experiencia en el ámbito de los negocios: obtén tres presupuestos. Es decir, después de hacer tus consultas a través de internet y del boca a boca, pide la opinión a tres cirujanos antes de tomar una decisión sobre qué clase de cirugía te conviene más, cuándo deberías hacértela y con qué médico.

Para cerrar el círculo y volver a la idea de un programa de belleza sostenido y no invasivo, volveré a algo de lo que estoy segura sobre las francesas. Como dije, Francia es un país de cremas e hidratantes y, debo añadir, de limpiezas de cutis. Seguramente tanto los productos como los tratamientos constituyen una de sus exportaciones características, aunque muchos de estos productos han perdido cualquier identidad nacional. Aun así, las grandes empresas de productos cosméticos suelen ser francesas, japonesas o estadounidenses. Y un nombre francés connota una calidad excelente, aunque el producto sea de otro país.

Cuando iba a la universidad en París, las tiendas eran un paraíso de cremas y tratamientos. Formaban parte de mi idea de lo que era una mujer francesa. E incluso en la pequeña población donde vivía, mi madre se hacía una limpieza de cutis dos veces al año. Cuando me mudé a Manhattan, la gente me miraba extrañada cuando preguntaba dónde se hacían limpiezas de cutis. Sencillamente, no se hacían. Acabé yendo a un *spa* en Saks Fifth Avenue, donde las mujeres del este de Europa se tomaban su trabajo y su profesión muy en serio. El precio superaba lo que yo podía permitirme sin problemas, pero no era una cuestión de lujo, sino de lo que una mujer tenía que hacer para conservar una piel sana. Era como ir al dentista para una limpieza bucal. Bueno, no exactamente, pero se consideraba parte de un «mantenimiento» necesario. Hoy en día, las cosas han cambiado un poco.

LA NATURALEZA AL RESCATE:
LIFTINGS ALIMENTARIOS

Los alimentos saludables para el cutis te ayudarán a posponer la cuestión del lifting mejorando la tersura de tu piel a través de la nutrición. Por supuesto, hay muchas cosas que cabe considerar antes de plantearse pasar por el quirófano, y cocinar y alimentarse bien son actividades mucho más agradables que recuperarse de una cirugía estética. Así pues, ¿has comido hoy tus espinacas?

Las *espinacas* son una gran fuente de luteína, un antioxidante que contribuye a prevenir las arrugas reteniendo la hidratación de la piel, lo que a su vez aumenta su elasticidad.

En general, las dietas ricas en antioxidantes y ácidos grasos omega-3 son saludables para el cutis. Los antioxidantes son enemigos de los radicales libres, que contribuyen a la aparición de las arrugas, y los lípidos impiden que la sequedad del interior de nuestro organismo y de las células se refleje en el exterior.

Seguramente ya sabes que el pescado azul y ciertos aceites son buenos para ti, y que las bayas, en particular, son ricas en antioxidantes. Las espinacas y algunas otras hortalizas de hoja verde constituyen asimismo excelentes fuentes de vitaminas K y C, que contribuyen a reducir las ojeras (a no ser que estas sean un rasgo genético o que hayas trasnochado demasiado últimamente).

Las *ostras* también contribuyen a reducir las ojeras, si es que están relacionadas con una deficiencia de hierro o de vitamina B_{12}. Este molusco es uno de mis alimentos preferidos; creo que podría comerlas todos los días, aunque nunca lo he hecho más de cuatro seguidos. Son un auténtico milagro de la nutrición, bajas en calorías y ricas en maravillas para el organismo. Contienen ácidos grasos omega-3, que, como he comentado, hidratan y proporcionan flexibilidad a la piel y contribuyen al aumento de la producción de colágeno, lo que nos ayuda a combatir las arrugas. ¿Te he convencido? También aportan cantidades elevadas de vitamina E, otro elemento que combate el envejecimiento. Y, además, las hay de todos los tamaños, formas y gustos.

Durante mi periodo de crecimiento comí muchas espinacas y ostras, y lo sigo haciendo dondequiera que esté. En cambio, no recuerdo haber comido nunca *aguacates* en Francia hasta hace relativamente poco. Los descubrí en Nueva York y en el Caribe, pero con la actual globalización se encuentran en todas partes. Me encantan, y me alegra saber que esta nueva pasión posee enormes propiedades antiinflamatorias, que contribuyen a combatir las imperfecciones y afecciones de la piel.

La vitamina E es un antioxidante excepcionalmente fuerte y combate los malvados radicales libres. Cuando nos acercamos a los cuarenta, nuestro organismo produce más radicales libres que antioxidantes. Así que un aporte saludable de vitamina E sirve para demorar la aparición de arrugas protegiendo de la oxidación natural el colágeno de nuestra piel. El problema es que el cuerpo no almacena la vitamina E, por lo que debemos incluirla en nuestra dieta cotidiana. Los aguacates, las espinacas y las ostras son ricos en esta vitamina, así como los frutos secos, los aceites vegetales, la papaya y los huevos. La vitamina E también retrasa la acumulación de placa en las arterias, lo que reduce el riesgo de aterosclerosis, y, con ello, los riesgos de hipertensión arterial y cardiopatía. Así que come aguacates, ostras y espinacas.

La piel te agradecerá que, además, incluyas unos cuantos *plátanos* en tu dieta. Esta fruta también es saludable para el cutis. En Francia los plátanos siempre me saben diferente de los de América y, naturalmente, son más pequeños. Hasta eso es extragrande en mi país de adopción. Las variedades importadas en Francia proceden, por lo general, de África y Martinica, mientras que en América del Norte suelen ser de

América Central y del Sur, y del Caribe. Pero todos los plátanos poseen las mismas propiedades para la salud. Combaten la retención de líquidos, con lo que reducen la hinchazón alrededor de los ojos y en la cara. Los plátanos son especialmente ricos en potasio (como las fresas) y pueden neutralizar el contenido elevado de sodio procedente de la ingesta de alimentos procesados y comida rápida, o de un consumo excesivo de sal. Los plátanos, con un alto contenido en fibra y fuente de hidratos de carbono, también combaten de forma natural la hipertensión arterial y son ricos en vitamina B_6, un poderoso agente antiinflamatorio.

A continuación encontrarás algunas recetas para que puedas empezar a incorporar a tu dieta estos cuatro alimentos saludables para el cutis:

ENSALADA DE ESPINACAS CON SETAS Y PARMESANO

Para una comida equilibrada y saludable... espinacas, setas, parmesano y aceite de oliva. Esta es una de mis ensaladas favoritas para el *brunch* o el almuerzo.

Ingredientes para 4 personas:
4 cucharadas de aceite de oliva
200 g de *shiitake*, limpios y cortados en láminas (también pueden usarse champiñones o champiñones *crimini*)
1 cucharada de tomillo fresco picado
2 cucharadas de vinagre de jerez
zumo y ralladura de un limón
280 g de espinacas tiernas, lavadas y escurridas
50 g de piñones tostados
50 g de virutas de parmesano (usa un pelador de verduras)
sal y pimienta recién molida

1. Calienta una cucharada de aceite de oliva en una sartén a fuego moderado. Saltea unos 8 minutos las setas, hasta que estén tiernas. Sazona a tu gusto y añade el tomillo. Retira la sartén del fuego y deja enfriar a temperatura ambiente.

2. En un bol pequeño, mezcla las tres cucharadas restantes de aceite de oliva con el vinagre de jerez, el zumo y la ralladura de limón, y sazona a tu gusto. Coloca las espinacas en un bol grande y añade los piñones y las setas. Vierte la vinagreta sobre la ensalada, mézclalo todo bien y decora con las virutas de parmesano. Sirve inmediatamente.

EMULSIÓN DE OSTRAS EN *FONDUE* DE ESPINACAS

Si todavía no te van las ostras crudas, esta receta de ostras calientes hará que te lo replantees. Es mi versión de las famosas ostras Rockefeller, que son deliciosas, salvo que, para mi gusto, el pan rallado y el ajo les restan sabor. Yo prefiero pocharlas (método que, además, es mucho más rápido) y, con un poco de mantequilla, crear una emulsión (palabra muy sensual que combina a la perfección con la «afrodisíaca» ostra). Puedes pedir en la marisquería que te las desbullan y te guarden el líquido y las valvas y así tenerlo todo a punto para empezar a cocinar.

Ingredientes para 4 personas:
1 cucharada de aceite de oliva
280 g de espinacas tiernas, lavadas y escurridas
40 ml de crema de leche (también puede usarse nata ácida)
24 ostras frescas, desbulladas (y alrededor de 40 ml de líquido de ostra)

2 cucharadas de mantequilla, fría y cortada en daditos
sal y pimienta recién molida

1. Calienta el aceite de oliva en una sartén a fuego moderado. Añade las espinacas, sala y tapa. Cocina unos 4 minutos, removiendo de vez en cuando con una cuchara
   de madera. Destapa y sigue cociendo unos 2 minutos
   más, hasta que las espinacas estén blandas y tiernas. Escurre el exceso de agua de la sartén, añade la crema de leche, remueve y sazona a tu gusto. Reserva en caliente.
2. Cuela el líquido de las ostras y caliéntalo en un cazo a
   fuego moderado, retirando la espuma. Añade las ostras y cocina alrededor de 1 minuto, hasta que se les
   doblen los bordes. Retira del fuego.
3. Para servir, reparte las espinacas en cuatro platos hon-
   dos. Con la espumadera coloca las ostras sobre las espinacas. Lleva el líquido de las ostras a punto de ebullición
   y bate en él la mantequilla fría. Sazona al gusto y viérte-
   lo sobre las ostras y las espinacas. Sirve inmediatamente.

NOTA: Si te gustan los puerros, sustituye las espinacas
por puerros hervidos.

AGUACATE CON VINAGRETA AL LIMÓN

Para mí, esta fruta maravillosa sabe mejor con un sencillo aliño para ensaladas. Yo la como de esta forma como mínimo varias veces al mes, a modo de almuerzo o como acompañamiento de una comida más copiosa. Entre los cientos de
recetas en las que se usa el aguacate, la forma más habitual
de prepararlo, salvo al natural, es el guacamole, que no me
enloquece debido a que se combina con el tomate, además
de con cebolla y/o ajo. El aguacate y el tomate son mis dos
frutas favoritas, pero los prefiero por separado.

Ingredientes para 4 personas:
2 aguacates maduros
sal gruesa y pimienta recién molida
zumo de un limón
1 cucharadita de vinagre de jerez
1 cucharada de aceite de oliva
1 cucharada de albahaca fresca picada (el perejil y el ci-
lantro son buenas alternativas)

1. Corta los aguacates por la mitad y deshuésalos. Coloca cada mitad en un plato pequeño. Sazona al gusto.
2. Mezcla el zumo de limón, el vinagre y el aceite de oliva, y vierte sobre las cuatro mitades. Decora con la albahaca y sirve.

SÁNDWICH DE PLÁTANO, NARANJA
Y MANTEQUILLA DE CACAHUETE

El plátano, esa fruta perfectamente empaquetada, me
chifla. A menudo tomo medio de postre con cuchillo y tenedor, a la francesa, para evitar «engullirlo» como hace tanta gente. Al ser tan purista, sigue siendo la forma en que más
me gusta comerlo, pero también soy muy glotona y tengo
tantas recetas con esta fruta como para llenar un libro. Me
gusta con cereales y yogur, como a la mayoría de la gente,
pero también lo preparo flambeado con un poco de ron a
modo de postre elegante pero sencillo; la tarta de plátano
tampoco está nada mal. Descubrí esta delicia de plato cuando
estaba en Weston, Massachusetts, en un intercambio escolar,
y me encanta. Los batidos de plátano son peligrosamente
exquisitos y engordan, pero también resultan saludables,
gracias a los muchos nutrientes de esta fruta.

Hace unos años estaba con unas amigas en mi casa de la
Provenza (estadounidenses y parisinas que habían vivido y

trabajado en Nueva York) durante las vacaciones del día de Acción de Gracias, terminada ya la estación de las bayas. No sé cómo, empezamos a hablar de lo mucho que nos gustaba la mantequilla de cacahuete, y a continuación empezamos a darle vueltas al sándwich mixto, el francesísimo *croque-monsieur*, y creamos una variación fácil, que llena mucho, para el almuerzo. Había un puñado de plátanos en la encimera... y lo demás viene a continuación. Es adictivo.

Ingredientes para 2 personas:
4 rebanadas de pan de masa fermentada (también puede usarse pan integral o brioche)
2 cucharadas de mantequilla de cacahuete
ralladura de una naranja
2 plátanos medianos, pelados y cortados finos
1 cucharada de mantequilla ablandada
1 cucharadita de azúcar
1 pellizco de cacao en polvo (opcional)

1. Coloca dos rebanadas de pan en una superficie de trabajo y úntalas con una capa fina de mantequilla de cacahuete. Espolvorea la ralladura de naranja y ponle encima una capa de plátano. Cubre cada una con una segunda rebanada de pan. Unta ligeramente ambos lados con mantequilla y espolvorea con azúcar.
2. Calienta una sartén antiadherente a fuego moderado. Añade los sándwiches y cocínalos apretándolos ligeramente con una espátula hasta que estén dorados (unos 4 minutos por lado).
3. Retira los sándwiches, córtalos en diagonal, añade el cacao en polvo (si te apetece) y sirve inmediatamente.

NOTA: Para lograr el aspecto de un sándwich mixto tradicional, quítale la corteza a las rebanadas de pan.

4

El artc y la magia de arreglarse

Por desgracia, Peter, mi estilista parisino de los últimos veinticinco años, un auténtico mago, acaba de jubilarse. Era una de mis armas secretas para combatir el envejecimiento. Sin duda, cada vez que acudía a él me quitaba cinco años de encima.

Seguramente, no debía de haber persona en el mundo que cortara el pelo más despacio que Peter. Antes de hacer nada, se concentraba... estudiaba tu cabello, tu cara, tu perfil, la forma de tu cabeza. Se fijaba en cómo hablabas, vestías, te movías... cualquier detalle que le permitiera realzar tu estilo. En la jerga profesional, es lo que se llama «el arte de la consulta» y signo de un buen estilista. Jamás hizo el mismo corte a dos personas, y a lo largo del tiempo nunca llevé el mismo corte exacto. Unas veces, los cambios que introducía eran sutiles; otras, drásticos, pero no de una forma disparatada ni según la última moda. Siempre que salía de su salón de belleza me sentía estupenda.

Peter tardaba una hora solo en cortarme el pelo. Lo hacía tres veces. En cada ocasión, yo creía que había terminado, pero él me miraba fijamente, con expresión de estar muy concentrado (apenas hablaba), y empezaba de nuevo. Sus cortes eran tan perfectos técnicamente que duraban tres o cuatro meses, y seguían causando admiración en la calle. No era un gran hombre de negocios, pero sí un verdadero y apasionado artista.

¿Tienes un buen estilista? Si no es así, ¿por qué? ¿Llevas un peinado espléndido? En caso contrario, ha llegado el momento de llevarlo. ¿Llevas un peinado que contribuye a definir tu marca personal y es adecuado para tu edad? ¿Qué dice el espejo?

Pero ¿cómo encontrar un buen estilista? Siempre me ha hecho gracia que, poco después de cortarme el pelo, algún desconocido me comente lo mucho que le gusta mi corte. Y mucha gente me pregunta a menudo: «¿Te importaría decirme quién te corta el pelo?» Halagador, desde luego, y cuando respondo que me lo corto en París, comentan algo así como «Claro» o «Tendría que habérmelo figurado». De todos modos, preguntar a alguien quién es el responsable de ese peinado que tanto te gusta es una forma de encontrar un buen estilista. Preguntar a las amigas es una buena opción, y es así como yo encontré a Peter, pero no siempre sale bien a la primera, de modo que prepárate a cometer algunos errores. Y no olvides cortarte el pelo un día, y volver a hacerlo dos días después para corregir los posibles errores.

Eso siempre me recuerda que la gente se fija primero en tu pelo, después en tus ojos y tu sonrisa, y a continuación en tus zapatos. De alguna forma estas son las zonas en las que nos concentramos y que utilizamos para formarnos nuestra primera y a menudo duradera impresión sobre el aspecto general de una persona. Cuando te encuentras con alguien con quien hace tiempo que no coincides y te comenta que te ve bien, ¿en qué se basa para hacer semejante afirmación? En mucho de lo anterior y, seguramente, en el estado de tu cutis y en el diámetro de tu cintura.

Conozco a una mujer de Nueva York que tiene noventa años y que lleva dos años padeciendo una demencia que va en aumento. Una pena, desde luego. Era muy de la vieja escuela en lo que a su aspecto se refiere: se vestía cuidadosamente, con estilo, y cuidaba mucho su maquillaje, su piel y su peinado. Durante toda su vida adulta ha ido una vez a la semana al salón de belleza, y todavía lo hace. Si te la encuentras después de una de estas sesiones, la ves como si el tiempo se hubiese detenido. Es la mujer que conocías hace diez años.

Me imagino que su salón de belleza tiene mucha experiencia en los cuidados de los cabellos de las «señoras mayores». Tal vez tendría que haber una rama de la gerontología dedicada al cuidado del cabello... y, por supuesto, una cadena de salones de belleza para mujeres mayores de cincuenta.

Hay que admitirlo, con los años se nos cae más el pelo, este se vuelve más fino y nuestras facciones cambian.

CÓMO ENCONTRAR EL MEJOR ESTILO PARA TU CARA

Espejito, espejito, ¿qué forma tiene mi cara? ¿Ovalada, redonda, cuadrada, alargada, rectangular, triangular, romboidal, de corazón? Ah, pero ¿es el peinado que has elegido el adecuado para la forma de tu cara? ¿Ha cambiado la forma de tu cara con la edad? La gravedad se impone. ¿Tu piel ha perdido elasticidad y cede (está bien, cuelga) en algunas partes de la cara, con lo que tu forma oval se ha vuelto más redonda o más cuadrada, especialmente si has ganado algo más que un poquito de peso? ¿Qué ocurre entonces?

Existen algunas reglas generales evidentes en relación con el peinado y la forma del rostro, como por ejemplo: si tienes la cara redonda, que el corte de pelo te enmarque las orejas y los ojos. Si tienes la cara alargada, no lleves el pelo largo y liso, pues te la alargará todavía más. Pero estos aspectos básicos son solo detalles. ¿Tienes el pelo rizado, ondulado o liso natural? ¿Tienes el pelo con cuerpo, normal o fino? ¿Es la densidad de tu pelo elevada o se ha reducido tanto que se ve el cuero cabelludo? ¿De qué color tienes el pelo?

Me gustaría estar en condiciones de darte respuestas y consejos específicos, pero si multiplicamos nueve formas faciales por cuarenta peinados habituales y alrededor de centenares de cortes no tan frecuentes, disponemos de material suficiente para llenar otro libro. Vale la pena gastarse el dinero en ir a un buen estilista de vez en cuando para que te aconseje sobre el mejor peinado para ti. Y existen muchos sitios web, artículos y libros que puedes consultar. Las cosas suelen complicarse si se lo permites. Y mi mantra es evitar que las cosas se compliquen, especialmente con la edad. Cuidarte el pelo es mucho más que una sesión de estilismo virtual (¡viva la informática!) o, si tienes suerte, un secado a mano una o dos veces a la semana. La salud del cuerpo y el cuidado del cabello son especialmente importantes (y están relacionados entre sí)

Tu cabello refleja tu actitud ante el envejecimiento.

Pero tu peinado no tiene por qué cambiar con la moda y las tendencias, de modo que intenta encontrar uno que no sea demasiado extremado y vaya bien con tus facciones, personalidad y estilo de vida; uno que puedas modificar ligeramente a lo largo de los años. Piensa, tal vez, en un peinado comparable al vestido negro intemporal. Si te fijas en iconos de belleza clásicos, como Grace Kelly, Audrey Hepburn, Jacqueline Kennedy o Catherine Deneuve, advertirás que a lo largo de los años apenas si han modificado ligeramente su peinado, aunque han jugado un poco con la longitud del cabello. Después de todo, como ocurre con la ropa, los peinados vienen y van.

El pelo, como la piel, necesita unos cuidados sencillos

pero enérgicos. Aunque la genética interviene, con la edad el cabello pierde proteínas y en ocasiones las hormonas causan estragos, de modo que debemos prestarle mucha atención.

Recuerdo el corte al estilo *carré* o *bob*, a lo Louise Brooks, que empecé a llevar a los seis años, y me veo ahora, décadas después, llevando todavía una especie de corte *carré*, tras numerosas variaciones sobre el mismo tema (y de un par de años con el pelo largo y liso, por supuesto, durante el paréntesis que va desde los quince hasta los veinticinco años): desde la raya en medio hasta la raya a un lado, con o sin flequillo, más corto o más largo, un corte recto o *plongeant* (es decir, corto por detrás y más largo a los lados, escalado a capas en la parte superior para darle volumen natural, algo que va muy bien a cualquier tipo de pelo), pero el corte *carré* sigue siendo el que mi estilista parisino de tantos años afirmaba que me favorecía más. De vez en cuando, si me apetecía un cambio y le enseñaba alguna foto, Peter rechazaba el pelo supercorto o superlargo. Cada vez que insistía en el cambio o el corte, no pasaba demasiado tiempo antes de que me aburriera o no me sintiera bien en mi propia piel y regresara a mi estilo familiar. Es un peinado clásico y, como tal, jamás pasa de moda. Ciertamente, el corte *carré* es uno de los más intemporales que existen.

MANTENIMIENTO

Deberías planear cortarte las puntas cada dos o tres meses para deshacerte del pelo estropeado y conservar una cabellera sana. Muchas francesas (yo incluida) creen que el día ideal para cortarse el pelo es cuando hay luna llena. Haz a continuación un tratamiento regenerativo a base de queratina para conseguir un cabello fuerte y suave. Otoño es una buena época para echar un vistazo crítico a tu pelo y decidir si tu peinado sigue favoreciéndote. Lo principal es no copiar lo que esté de moda, sino asegurarte de que tu peinado encaja con tu personalidad y estilo de vida de ese momento. El objetivo consiste en inclinarse por un corte que vaya bien con tu tipo de pelo a fin de que puedas peinarte fácilmente (si tienes poco cabello, y además superfino, olvídate de los moños).

Cuando somos adolescentes, sin duda podemos llevar el pelo largo, cola de caballo, etc., pero pasados los cuarenta, todo el mundo tendría que adoptar un peinado y convertirlo en su sello personal, algo sencillo, que no atraiga la atención de la gente hacia nuestra persona (y nuestra edad, por añadidura).

Mi amiga Maguy y yo fuimos testigos de ello la primavera pasada cuando estábamos sentadas frente al Palais Royal parisiense mirando pasar a los transeúntes. Había una mujer sentada que tendría más de setenta años y lucía una cabellera color zanahoria (las raíces blancas indicaban que necesitaba retocar el tinte) ¡y unas pestañas postizas superlargas a juego con el color del pelo! Por si aquello fuera poco (tal vez la semana de la moda induzca a los extremos), llevaba una abundante sombra de ojos azul oscuro, y solo era primera hora de la tarde. Su ropa era normal y corriente, pero la gente la observaba como preguntándose si se habría mirado en el espejo antes de salir de casa. Quisimos deducir de qué nacionalidad sería, algo que cada día resulta más difícil, pero no dijo ni una palabra, y nos rendimos, sin la menor pista. Lo que trato de decir es que no hay que excederse. Pasada la adolescencia, evita los colores extremos, aunque hayas visto a muchas jóvenes con el pelo teñido de rosa o de azul que no impresionaban ni llamaban demasiado la atención de los demás. En cambio, la señora del pelo color zanahoria sí que lo hacía, y no en el buen sentido. Olvida el agresivo naranja rojizo... o incluso el reluciente negro azulado, si me apuras. Con la edad, nuestra piel pierde pigmentación. Los tonos de pelo fuertes y oscuros destacan las arrugas y la palidez de la piel. Lo mismo ocurre con el pintalabios oscuro. Un tono más sutil de coloración para el pelo le va mejor a nuestro cutis.

¿UN CHAMPÚ, QUIZÁ?

Lavarse el pelo todos los días es un concepto muy estadounidense, mientras que los franceses son famosos por no lavarse lo bastante el pelo (ni cepillarse los dientes), aunque hoy en día ambas cosas son más bien un mito, ya que las «normas» capilares se han internacionalizado a través de las revistas y las marcas femeninas de ámbito mundial.

Conozco francesas que se lavan el pelo todos los días, y estadounidenses que lo hacen dos veces a la semana. Irónicamente, en Estados Unidos, muchos salones de belleza que no forman parte de ninguna cadena ni promocionan ninguna marca solo emplean productos franceses; mientras que a los estilistas similares de Francia les encantan los productos estadounidenses. Al parecer, aquí también puede aplicarse aquello tan trillado de que siempre deseamos lo que no podemos tener.

En defensa de las francesas, diré que si no creemos en lavarnos todos los días el pelo es porque después de nuestro ritual nocturno de limpieza facial, tenemos otro para el pelo: inclinamos la cabeza y con un cepillo de buena calidad (un cepillo con cerdas de jabalí es la mejor inversión posible), nos cepillamos el cabello desde atrás hacia delante para quitarle el polvo y que respire un poco. La única vez que nos lavamos el pelo diariamente es cuando estamos en la playa, donde utilizamos un champú suave con un pH neutro (Kerium Suavidad Extrema de La Roche-Posay es bueno, y Garnier ofrece una gama eficaz para distintos tipos de cabello).

Da igual el tipo de pelo, seguimos pensando que usar champú diariamente estimula la secreción sebácea y, a la larga, debilita el cabello y le resta volumen. Lo bueno, en exceso, a menudo deja de ser bueno. La forma de aplicar el champú también es importante: olvídate de un masaje extremadamente fuerte, que puede propiciar la penetración de los agentes químicos del jabón en el cuero cabelludo. En lugar de eso, efectúa unas caricias rápidas y delicadas mientras incides en las raíces con suaves masajes hechos con las puntas de los dedos. (Tras aclarar el jabón y sus agentes químicos, se procede a realizar un masaje estimulante.) A lo largo del año, lavarse el cabello dos o tres veces a la semana, una especie de término medio entre la costumbre francesa y la estadounidense, es más que suficiente. Y ahorra tiempo...

Has de encontrar el champú que le vaya bien a tu pelo, y, lo más importante, tanto si tienes el cabello seco como graso, es elegir dos champús para ir alternando, ya que de otro modo el pelo se acostumbra a los mismos ingredientes activos. Esto no resulta fácil si vas a la peluquería, ya que cada una suele emplear su propia marca o una marca concreta, de modo que no te apures y lleva tu propio champú. A diferencia de la piel, las fibras capilares no se renuevan cada mes (normalmente, un pelo vive entre cuatro y cinco años), por lo que siempre son las mismas células las que absorben los ingredientes activos. Añade un tercer tipo de champú una vez al mes (podemos compararlo a una ligera limpieza de toxinas), un champú purificante que elimine los residuos de los productos capilares que has utilizado, así como el cloro, la contaminación y cualquier cosa que haga que tu pelo se vea apagado. El champú Apple Cider Clarifying de Fekkai hará que tu pelo se vea reluciente y sano.

Para terminar, siempre hay que aclarar el pelo, por supuesto. Lo más sencillo, tanto si te has aplicado acondicionador como si no, y no lo límites al verano, es hacerlo con un chorro final de agua fría, que le dará algo más de vida y de brillo. (Aunque seguramente tendría que contar con alguna prueba científica al respecto, sé que cierra los poros y los folículos capilares, y confío en la experiencia y los consejos acumulados en lo concerniente a la vida y el brillo del cabello.) Otro buen aclarado después del champú que, según se dice, contribuye a limitar la caída del cabello es una mezcla de dos cucharadas de vinagre de sidra con dos cucharadas de miel en un cuarto de litro de agua. Aclara y deja que obre maravillas. A mí también me gusta terminar aclarando el cabello un par de veces al mes con zumo de limón o vinagre de vino tinto para obtener el máximo brillo. Una vez más, ¡lo mejor es alternar a fin de que el cabello no se acostumbre!

En cada lavado, un masaje final tras el aclarado sirve para activar las raíces. Empieza desde la nuca y ve subiendo por los lados hasta la coronilla; y si es posible, lávate el pelo con la cabeza hacia abajo. Todo ello activará la circulación y estimulará los folículos.

Otro cuidado extra es aplicar semanalmente una mascarilla. Una buena y rápida es la mascarilla hidratante EverPure de L'Oréal, pero también puedes fabricarte una casera. Mi preferida consiste en una cucharadita de aceite de oliva o de argán, y otra que está bien es una mezcla de aguacate con aceite de oliva y unas gotitas de limón. Deja que actúen en el cabello veinte minutos después de taparlas holgadamente con film adherente (o con un gorro de ducha).

CEPILLADO

Si el cepillado fuera nocivo para el pelo, la mayoría de las mujeres estaríamos calvas. Cepillarse el cabello es beneficioso, como ya he dicho.

Mi madre siempre estaba arreglándose el pelo y seguía una tradición que antes era de lo más habitual. Jamás salía de su habitación sin ir perfectamente peinada (al menos según su concepto). Además, nunca se acostaba sin cepillarse antes el cabello.

Mi madre, que empezó a tener canas a los cuarenta, se tiñó el pelo de castaño rojizo hasta pasados los ochenta. Más revelador, sin embargo, es el hecho de que nadie se percató de que siempre llevó el pelo largo. Nadie, salvo yo en contadas ocasiones, le vio la cabellera larga hasta la cintura, porque todos esos años la llevó recogida en la nuca en un moño a lo Simone de Beauvoir. Cuando se iba a dormir, a solas en su dormitorio, se soltaba el pelo y se lo cepillaba. Por la mañana, volvía a recogérselo. Mi marido, o cualquier otra persona que compartiera a veces su casa o viajara con ella, nunca le veía la cabellera suelta.

La clave de un buen secado a mano depende de quién lo realiza y cómo. Hoy en día, en los salones de belleza muchas veces quienes secan el pelo son ayudantes de peluquería (me encantaba cuando el estilista lo hacía todo y sabía cómo reaccionaba tu cabello desde el enjabonado hasta el final. En mi mundo, unos cuantos todavía lo hacen, pero son la excepción), y los ayudantes no suelen contar con la formación adecuada y/o tienen prisa, aplican demasiado champú y utilizan el calor máximo (lo que es muy nocivo) para secar el pelo. Por si esto fuera poco, te pegan el secador al cuero cabelludo, lo que cual reseca el cabello. Si te lo secas a mano de vez en cuando, no tiene importancia, pero si lo haces de forma regular, has de controlar los daños. En casa, es siempre aconsejable utilizar la temperatura media, o, mejor aún, envolverte el cabello con una toalla entre cinco y diez minutos para que se seque un poco de modo natural, cepillar después la parte delantera y usar los dedos para darle forma. Si te lo secas tú misma, vale la pena invertir en un secador con función iónica. El BaByliss Pro2800 Super Turbo es muy bueno. Si tu pelo necesita algo de cuerpo o un poco de elevación en las raíces, puedes usar rulos de velcro (son ideales para los viajes y muchos días a lo largo de mi vida empresarial me han ahorrado el ir mal peinada). Si usas un buen sérum (otro tratamiento ideal para aplicar ocasionalmente a tu melena), tal vez te asombre saber lo poco que tienes que hacer para verte espléndida sin uno de esos peinados que exigen mucho tiempo de cepillado y secado. Con la edad también es aconsejable buscar un aspecto natural.

LUCIR LAS CANAS O NO LUCIRLAS, ESA ES LA CUESTIÓN

«Existe un motivo por el que los cuarenta, los cincuenta y los sesenta años de edad de una mujer no se ven como antes, y no es gracias al feminismo, ni a que vivamos mejor porque hacemos ejercicio», comenta Nora Ephron. Según ella: «Es gracias al pelo teñido. En la década de los cincuenta, solo el siete por ciento de las estadounidenses se teñía el pelo; hoy en día existen zonas de Manhattan y de Los Ángeles en que no ves ni una mujer con el pelo canoso.»

Confieso que he salido a mi madre, y todavía no ha llegado el día en que luzca el color natural de mi pelo, sea el que sea en la actualidad. Como he trabajado en un mundo competitivo del que forman parte mujeres enérgicas, dinámicas y muy bien arregladas, he llevado el pelo teñido desde los cincuenta años. Gracias a Peter lo he aclarado uno o dos tonos y alguna vez me he hecho reflejos (el sol veraniego de la Provenza hace ambas cosas de forma natural). El color de pelo más claro hace que me sienta más joven. Soy consciente, sin embargo, de que si mi cutis y el color de mi pelo empiezan a coincidir, tengo un aspecto «apagado». Es algo que hay que tener en cuenta tanto cuando se elige el color del cabello como el maquillaje. En verano debo ir con cuidado, porque el pelo se me aclara y la piel se me oscurece, a pesar de que procuro no exponerme al sol del mediodía, llevo sombrero todo el tiempo y me aplico cremas. La Provenza siempre será la Provenza. (Mi arma secreta es un panamá de color. Me lo pongo, y el sombrero cambia de color.) Y como mi madrina solía decir sobre los sombreros: «*Ça cache la misère.*» (Esconde las miserias, es decir los días que llevas el pelo hecho un asco.)

Entonces, ¿hay que teñirlo o no? El tema se convierte en un importante asunto de debate entre mis amigas que tienen cuarenta y pocos cuando les aparece la primera cana y les entra el pánico. La reacción más habitual es la de no querer teñirse el pelo y probar antes una coloración semipermanente. Y siempre hay la opción de intentar un nuevo peinado que nos complazca de momento y posponga la cuestión un poco más. Para dar un paso poco drástico, prueba la henna. Lo que la mayoría de nosotras no sabemos es que una vez te has teñido, la henna queda descartada. (Al parecer, reacciona con el color de algunos tintes.) La primera vez que fui a Marruecos, cuando era estudiante de posgrado, envidiaba las hermosas cabelleras de las marroquíes (fue cuando descubrí el aceite de argán y la henna) y vi algunos de estos tratamientos naturales. Saben lo que hacen.

Llega un momento en que la mayoría de mujeres no se sienten bien con las canas, y lo que en principio era una opción se convierte en una obligación, a no ser que prefieras dejar que te salgan canas hasta conseguir un color general y uniforme con el que puedas vivir. Por supuesto, hay mujeres que están estupendas con el pelo plateado. ¡Es un sello personal! Piensa en Helen Mirren o en Jamie Lee Curtis. Pero muchas otras tenemos que condicionar nuestro aspecto a nuestra profesión y no podemos elegir, ya sea porque tenemos una piel demasiado blanca, que no combina bien con las canas o, sencillamente, porque el cabello gris hace que nos sintamos mayores.

Ocultar las canas no es el único motivo para teñirse el pelo. A muchas mujeres una buena coloración les quita años de encima, especialmente con reflejos. La clave es la sutileza, de modo que el pelo se vea más brillante y no necesariamente más claro.

En cuanto al color: ¿hay que aplicarlo en casa o en la peluquería? Es una elección difícil, ya que la peluquería es cara y, además, exige mucho tiempo, ¡pero hacerlo en casa es arriesgado! Conozco varias mujeres que se tiñen el pelo en casa y a algunas de ellas se les da bien, pero normalmente suelen hacerlo a la buena de Dios. En mi caso, como soy una inepta con el secador, decidí que me tomaría una hora de relax y me daría el lujo de encargar esta tarea a una persona que la supiera hacer mejor. Tuve la suerte de no necesitar teñirme el pelo hasta los cincuenta, mucho más que mi madre, que ya tenía canas a los cuarenta. Pese a ello, admito que una vez has empezado el asunto no resulta divertido, ya que tienes que repetirlo cada cinco o seis semanas (como me niego a hacerlo una vez al mes, que es la norma, hago trampa con los cómodos aplicadores de color que pueden comprarse en la sección de productos capilares de los supermercados). No es ideal ni perfecto, pero es fácil, cómodo y te ahorra un par de semanas, y francamente lo hago para evitar algo de daño al cabello, porque aunque nos digan que la coloración no lo afecta... sí que lo hace. Piénsalo un momento: todavía debe dedicarse una buena I + D (investigación y desarrollo) a las coloraciones para que no contengan amoníaco; los primeros tintes «orgánicos» todavía son exageradamente caros y no a toda prueba.

Busca a alguien de tu localidad que pueda acabar conociendo tu cabello, alguien en quien puedas confiar, y no lo dejes. Se tarda un tiempo en conocer bien el pelo de una persona, y como he probado coloraciones en otras ciudades y otros países, debo decir que los cambios no suelen ser lo mejor. Francia ha sido una excepción, simplemente porque la formación que recibe un estilista o un estilista colorista, por lo menos hasta hace un par de años, es más rigurosa que en la mayoría de sitios. ¿O estoy siendo francófila? Entre mis amigas, ya sean jóvenes o mayores, no ha habido muchas que hayan salido llorando de un salón de belleza francés porque el corte o la coloración, o ambas cosas, les parecieran un desastre. En Nueva York ya es otro cantar: incluso amigas que van a los salones de belleza más caros (franceses) han tenido demasiadas malas experiencias. Si sales con un corte y una coloración estupendos... date por satisfecha.

El verano no es la mejor época del año para el cabello, y resulta especialmente perjudicial para el teñido, sobre todo si pasas tiempo en la playa, la piscina o el mar. El sol y el agua pueden volver el pelo rubio de color latón o, peor aún, hasta verdoso. (En el caso del verde, algo más frecuente de lo que me habría imaginado, el mejor truco es poner dos aspirinas en un bol, verter unas gotas de agua sobre ellas para que hagan efervescencia, añadir champú y mezclarlo todo hasta formar una pasta que se aplica después al pelo húmedo y se deja unos minutos antes de enjabonar con el champú como de costumbre.) Conviene utilizar un champú ligero sin sulfatos, como EverPure de L'Oréal, o el acondicionador con voluminizador Bumble and Bumble. Evita sumergir el pelo en el agua, y si estás al aire libre entre las once de la mañana y las cuatro de la tarde, cúbrete la cabeza. El tono de coloración que más se resiente del sol, el rubio oscuro (el mío), exige muchos cuidados; de lo contrario desaparece, convertido en mechas apagadas.

Si necesitas aclarar el color para el verano, el método a la antigua usanza francés consiste en aplicar una cataplasma de aceite de oliva al pelo. El aceite denso y pesado disolverá el exceso de color y pátina del cabello.

UN POCO MÁS DE PROTECCIÓN

El verano, por supuesto, es un buen momento para evitar el secador de mano y dejar que el pelo se seque al aire con los dedos para ahorrar posibles daños a los ya frágiles folículos.

Si te va la bicicleta (como a mí) o el senderismo (a diferencia de mí), lo mejor es llevar el pelo hacia atrás y tapado con un pañuelo. Lo fundamental es protegerlo del sol: la norma es no salir sin sombrero. Los sombreros vuelven a estar de moda, por si no te habías dado cuenta. Después del verano, evita el *balayage* (los reflejos) y baja un tono el color (o habla con tu estilista colorista sobre mezclar reflejos oscuros y claros).

Una última cosa que hay que tener en cuenta con respecto al color es no teñirse justo antes de un gran acontecimiento, ya que el color necesita asentarse. El día que te tiñes, el cabello está en un estado de shock (por lo menos, así es como yo lo veo), y hasta un buen secado a mano queda distinto de lo habitual. Así que prográmalo una semana antes de la fecha en que quieres lucir tu mejor aspecto.

Con la menopausia el cabello puede sufrir más aún. Muchas mujeres se quejan de que su pelo pierde densidad y tiene un aspecto cansado y apagado, o básicamente débil (necesita muchísima hidratación, como una planta). Pide al médico que te ordene un análisis de sangre para comprobar si tienes la cantidad suficiente de todas las vitaminas básicas. Es posible que tu sistema inmunitario también esté más débil, y el descenso de estrógenos aumente las complicaciones. Una buena alimentación, imprescindible a partir de los cincuenta, te pondrá en forma para las siguientes etapas.

Nutre tu cabello. Las ostras son, por excelencia, el alimento para tener un cabello fuerte y sano a cualquier edad. El salmón, la caballa, las sardinas, los frutos secos, las hortalizas de hoja verde, la zanahoria y la fruta fresca ocupan también un lugar destacado en la lista. Evita los alimentos procesados, la cafeína (cuidado con los refrescos de cola), la comida basura y cualquier alimento que contenga cantidades abundantes de harina y azúcar, como los *cupcakes* y otros pasteles. ¡No son lo ideal para tu cuerpo, tu mente ni tu cabello!

A lo largo de la vida, a todas puede pasarnos que se nos caiga mucho el pelo. El final del verano es la peor época, pero una vez más, es algo natural y de poca duración. Vichy, Dercos y algunas otras marcas comercializan preparados estimulantes de minerales que van bien, y también es útil aplicarse una loción que revitalice el pelo por la noche. El problema suele obedecer a alguna insuficiencia de hierro, cinc o proteínas. Así que, señoras, a comer ostras.

Seguramente, el pelo fino es el peor, tanto para la clienta como para el estilista. La solución mágica es cortarlo en seco para darle más ligereza y volumen; una técnica estupenda. El pelo fino también suele ser seco, y hay que hidratarlo (hidrata, hidrata, hidrata), pero lo cierto es que algunos productos tienden a volverlo grasiento y pesado. Por ello vale la pena concentrarse en champús hidratantes como el Thickening de Bumble and Bumble o el champú profesional de Schwarzkopf, que contienen ácido láctico y queratina, y protegen la piel dañada. Aplica siempre el champú primero en las manos y extiéndelo después con cuidado por el cabello, usando la espuma para lavarte el cuero cabelludo. El uso del acondicionador es vital, y también puede resultar útil una crema de enjuague. Al pelo fino le encanta el gesto sensual de tus dedos al secarlo con cuidado. Una solución mágica adicional consiste en elegir una cura de oligoelementos, aminoácidos o vitaminas.

El pelo excepcionalmente dañado (a menudo debido a una escasez de vitamina E) o seco (resultado de una carencia de vitamina A) precisa mascarillas. La de manteca de karité de Fekkai es ideal para devolver la suavidad y elasticidad al cabello. Después de aplicarte una mascarilla, no olvides taparte el pelo con una toalla caliente y esperar veinte minutos para que los ingredientes activos penetren bien. Los productos con queratina son igualmente beneficiosos, lo mismo que los tratamientos con aceite caliente.

El cabello apagado (lo es porque no puede reflejar la luz) mejora si se le aplican aceites antes del champú. Aveda y Phyto son buenas marcas; esta última ofrece un maravilloso aceite de Alès. Aplícalo en el pelo raya a raya, añade un poco a las puntas y déjalo actuar veinte minutos antes de enjuagarlo cuidadosamente con agua caliente y aplicar después el champú como de costumbre.

El pelo se vuelve rebelde cuando pasamos una temporada de estrés o cansancio, y los sérums para después del cepillado son fundamentales para devolver algo de brillo a la fibra y conferirle una capa reluciente. Busca productos con silicio, como el sérum Göt2B Glossy Anti-Frizz Shine de Schwarzkopf, que recubre cada pelo de modo que la cutícula se mantiene suave. Reparte el sérum con un peine de púas anchas (en lugar de hacerlo con un cepillo) y peina con las manos. Mi amiga Claudine cuida sus rizos con productos de John Frieda, que les añaden también algo de brillo. Para el pelo débil, vale la pena probar una mascarilla acondicionadora profunda adicional a la semana. Y en cualquier caso, sea cual sea tu tipo de pelo, siempre va bien aplicar unas gotitas de aceite de oliva a las puntas secas... Hidratar un poco la cabellera es beneficioso.

He estado escribiendo implícitamente sobre productos y procedimientos capilares con una base científica, a pesar de que a menudo su eficacia está comprobada por la experiencia y no por estudios científicos imparciales. Pero como sucede con el cuidado antiedad de la piel y las variaciones de los liftings, la ciencia proporcionará sin duda a la generación del *baby boom* que supera los cuarenta nuevos productos para combatir lo que es un hecho. Sí, el pelo se vuelve menos denso; puede que perdamos un treinta por ciento de nuestros folículos; la textura del cabello cambia con la edad y las alteraciones hormonales; y el cabello se vuelve más frágil debido a la exposición a todos los agentes químicos que le aplicamos y a los rayos UVA del sol. Ahora bien, en este mismo instante las empresas de cosméticos y científicos avezados dedican sus esfuerzos a combatir cada una de estas situaciones. Es de esperar un montón de tratamientos capilares individuales en un futuro no demasiado lejano. De nuevo, la ciencia y el comercio están trabajando en ello.

Cada textura de pelo tiene su encanto, temperamento y exigencias. Como tu piel, necesitas conocerlo y cuidarlo para embellecerlo. Una buena alimentación y una buena salud resolverán el ochenta por ciento de tus problemas capilares, el resto dependerá de tus buenos cuidados.

5

Belleza, maquillaje y manicura

Usamos hidratantes, nos ponemos maquillaje, nos cortamos las uñas de los pies y vestimos ropa y zapatos elegantes y sexys para sentirnos o vernos hermosas. Pero ¿en los ojos de quién está la belleza? Los cánones de belleza han ido variando a lo largo de las épocas y las culturas, y siguen evolucionando. (De lo contrario, ya no existirían los diseñadores de moda y demás profesiones por el estilo.) Ahora mismo, el mundo parece obsesionado por un canon de belleza mundial inspirado en el aspecto estadounidense y occidental: un homogeneizado aspecto juvenil al que se da mucha publicidad y que combina un cuerpo delgado con los pechos grandes y una nariz recta y estilizada. ¿Recuerdas todas las asiáticas que se someten a cirugía estética para parecerse a otra persona? Pues hay otro dato interesante: los índices de rinoplastia han empezado a dispararse en Irán, donde la nariz es uno de los pocos rasgos físicos visibles de las mujeres del país, normalmente vestidas con chador. Según ellas, una nariz «occidental», menos pronunciada, es más hermosa. Esta operación es tan popular que Teherán recibe el apodo de «capital de las operaciones de nariz» del mundo.

Hay que añadir también una gran altura, como la de las

modelos, al canon anormal de belleza que hoy en día se promociona junto con el diseño de modas occidental. ¿Qué sentido tienen todos esos zapatos con plataforma y tacones de doce centímetros? Observa una entrega de premios como la de los Oscar, que se transmite a todo el mundo, y verás hermosas actrices vestidas como modelos. Después de un durísimo ayuno (y de quejarse públicamente de él para empatizar con su público), estas actrices se enfundan un vestido (a menudo con un gran escote que les deja totalmente al descubierto la espalda y a veces los hombros) que les presta algún diseñador o casa de modas famosos. Llevan un peinado elaborado, que no se les mueve ni un milímetro, y un maquillaje perfecto para las cámaras. El calzado las eleva diez o doce centímetros del suelo para que se vean anormalmente altas. ¿Y es este nuestro ideal de belleza actual? Desde luego, Renoir no lo aprobaría.

Me llama la atención esta evolución hacia una «belleza extrema». Ciertamente, no todo el mundo puede adaptarse a esta clase de aspecto. Por eso me pregunto por todas esas imitaciones de prendas de diseño. ¿Quién las lleva? ¿Jóvenes entusiastas de la moda en las bodas? Sin duda no son mujeres que envejecen con actitud positiva las que se las ponen. Además, siempre me ha parecido una tontería apresurarse a seguir la última moda. Es algo que tal vez pueda perdonárseles a las jóvenes, pero no al resto de nosotras. Y, una vez más, las nociones de lo que es la belleza son volubles.

Piensa en el ideal femenino que fomentaban las revistas y las películas de los años veinte en Occidente.

En 1920, un cutis muy pálido con las mejillas sonrosadas era un aspecto maquillado habitual, junto con un lápiz de labios rojo intenso. Pero en cuanto la inimitable Coco Chanel apareció en público con los más sutiles indicios de un bronceado, se inició nuestro romance con el sol.

Y en 1929, cuando el cutis pálido ya había quedado anticuado y el bronceado se había puesto de moda y se consideraba saludable, la empresa de productos cosméticos Coty ayudó a las mujeres a lograr un bronceado sin sol cada vez más popular. Su autobronceador, líquido y en polvo, estaba elaborado para «ganar al sol con sus propias armas». Muchas décadas después, la actual industria cosmética sigue «perfeccionando» el bronceado de frasco o tarro. Y también la tecnología y los centros de bronceado en múltiples países, por poco saludables que puedan ser algunos de ellos. La cuestión es que aunque me escondo de los rayos dañinos del sol y siempre me pongo protección solar, culturalmente estoy condicionada a sentirme mejor cuando tengo mi tono veraniego. Puede que algún día volvamos a los rostros pintados «renovados y mejorados» de la corte de Francia en tiempos de Luis XIV como el no va más de la belleza. Los signos de belleza pintados son algo que vale la pena plantearse con la edad.

CINCO O SEIS PALABRAS SABIAS SOBRE MAQUILLAJE

Evidentemente, no es lo mismo cuidarse la piel que maquillarse, aunque por suerte, ambas cosas cada vez se parecen más. Un toque de lápiz de labios, por ejemplo, tiene una inestimable función hidratante. Pero ¿de qué color? ¿Sigue siendo adecuado el rojo chillón a los cincuenta, sesenta, setenta u ochenta años? (Lo era en la década de 1930, cuando la venta de lápiz de labios rojo se disparó, y el rojo oscuro se convirtió en uno de los tonos más populares de la época. Curiosamente, su inconveniente era que al igual que coloreaba los labios de quien se lo aplicaba, ¡también manchaba los de cualquiera a quien besara!)

Tenemos dos realidades: (1) un mal maquillaje, con las cejas llamativamente delineadas, demasiado lápiz de ojos en los párpados, colores chillones, etcétera, hace que parezcas un payaso en el mejor de los casos y que te veas grotesca en el peor; y (2) un exceso de maquillaje, especialmente al envejecer, por lo general no contribuye a mejorar tu aspecto, sino a empeorarlo.

Por supuesto, en manos de un profesional el maquillaje puede obrar maravillas. El toque adecuado de maquillaje realza el estilo y rejuvenece por excelencia. Pero aquí está la ironía. Cuando eres joven, no necesitas demasiado maquillaje, pero puedes llevarlo bien. Cuando eres mayor, crees que necesitas tapar y realzar más cosas con el maquillaje, y puede que sea cierto, pero no puedes llevarlo bien.

Un problema con el que nos enfrentamos al obtener consejos para maquillarnos es que la persona que nos los da o bien vende productos de maquillaje o bien los aplica. ¿Cómo averiguamos qué es mejor para nosotras con el paso de los años?

No tengo una respuesta realmente buena más allá de ir probando y mirándonos atenta y objetivamente en el espejo.

Ahora bien, como ya he mencionado antes, tengo un lema: «Menos es más.»

Un toque de lápiz de labios, evidentemente. Una fina línea con el delineador de ojos, desde luego. Una ligera base correctora y algo de color para realzar las mejillas y los ojos, por supuesto. A partir de ahí, la decisión está en tus manos. La mayoría de veces, quieres ser tú misma, lo que conlleva una actitud coherente. El maquillaje, a diferencia de la coloración del cabello, no puede echar drásticamente el tiempo atrás, pero puede lograr que luzcas lo mejor posible para tu edad. Por el contrario, un mal maquillaje con un fondo y una máscara exagerados, te marcan más las arrugas y te envejecen los ojos, de modo que aparentas los años que tienes o incluso más. Un maquillaje ligero y bien aplicado, en cambio, te hace parecer revitalizada, más elegante, y contribuye a que te sientas más atractiva y segura de ti misma.

A continuación expondré unos planteamientos y detalles más específicos sobre el maquillaje que nos permiten abordar las realidades de la naturaleza de una forma cosmética, aunque no médica:

En primer lugar, la base. Para la mayoría de nosotras, pasados los cuarenta, el fondo de maquillaje y bases como el corrector y los polvos compactos son los elementos básicos de belleza que más utilizamos y nuestros aliados, pero si no se usan como es debido, pueden convertirse fácilmente en enemigos. Personalmente, soy minimalista.

Aunque pueda parecer contrario a lo que nos dice la intuición, con la edad necesitamos menos maquillaje, no más. «Menos es más» es un concepto que aconsejo en muchos ámbitos, y cuando se trata de maquillaje y envejecimiento, olvidarlo es un grave error. Cuantas más arrugas y arruguitas finas tengas, menos fondo de maquillaje, y especialmente base en polvo, has de aplicarte. Si te pones demasiado, el maquillaje empieza a penetrar en la piel y acentúa las arrugas de la cara en lugar de taparlas. Y otro consejo, por cierto: cuando tengas arrugas perceptibles en la cara, no se te ocurra siquiera usar maquillaje e hidratantes con partículas brillantes que atraen la atención. Eso es todo.

En lugar de exagerarlo, elige un fondo de maquillaje fluido transparente o ligero, o bien una crema hidratante con color y luminiscente. Ambas características iluminan la tez y le dan una apariencia radiante. ¿Y quién no quiere estar radiante? Airflash de Dior es un fondo en aerosol ideal para las usuarias de maquillajes mínimos que confiere a la piel un aspecto uniforme. (Conviene que te recojas el cabello con una toalla y lo apliques sin llevar ninguna blusa para no mancharte el pelo o la ropa.)

Si alguna vez te ha maquillado un profesional o has visto hacerlo por televisión, te habrás fijado en que los maquilladores rara vez usan los dedos para aplicar la base de maquillaje y prefieren una brocha o una esponjita suave, lo cual les permite extender el producto uniforme y moderadamente, aparte de resultar mucho más delicado para el cutis. Para ponerte el fondo de maquillaje, aplícalo describiendo pequeños círculos solo en las zonas problemáticas y, después, usa suavemente la brocha para obtener una apariencia uniforme.

Ponte un poco de polvos en la nariz, la frente y el mentón para reducir brillos si es necesario, pero úsalos con moderación. Un exceso confiere un aspecto seco a la piel y acentúa las arruguitas finas. Por eso la mayoría de maquilladores se rigen por una regla de oro, especialmente al trabajar con mujeres mayores de cuarenta años: nada de polvos alrededor de los ojos.

Y hablando de los ojos, es importante destacar que la piel bajo los ojos se va adelgazando con la edad. Ten mucho cuidado de no estirar esta delicada zona ni tirar de ella. Pasados los cuarenta, la mayoría de mujeres empiezan a verse arruguitas alrededor de los ojos (las conocidas patas de gallo) y ojeras, e inevitablemente recurren a un corrector espeso para taparlas. Ahora bien, si te pasas con el corrector puedes acentuar precisamente lo que estás intentando ocultar. Es mejor usar un corrector o fondo de maquillaje fluido y ligero, y aplicarlo moderadamente con una brocha, evitando la zona interior del ojo. El corrector/borrador roll-on de Maybelline para ojos es muy asequible, eficaz y fácil de aplicar. La conocida Bobbi Brown, gurú del maquillaje, en cambio, prefiere un corrector claro en esta zona para ofrecer un aspecto menos cansado, y su corrector en crema es un producto impecable y de buena calidad. ¡Aunque lo mejor es dormir más y estar menos cansada!

Según tus gustos, puedes aplicarte sombra de ojos, delineador, máscara, o las tres cosas. Yo suelo decantarme por la sencillez en esta zona. Un poco de sombra de ojos de un color neutro que contenga partículas reflectantes da brillo a los ojos pero no los sobrecarga. Un delineado muy fino (o prácticamente inexistente) hacia la parte interior del ojo y más grueso hacia la parte exterior permite compensar la natural e inevitable ligera caída que se produce con los años. Y cuando los delineadores ya no consiguen el efecto buscado, utiliza por ejemplo el color mate «Faux Pas» de Lancôme, que solo tardarás tres segundos en extender y se convierte en delineador y algo de sombra a la vez.

En Estados Unidos, y a mi entender en los sitios que he visitado de Oriente Medio, el ojo con aspecto ahumado se ha convertido en un clásico para las ocasiones especiales, no sé por qué. Pero tengas la edad que tengas, está básicamente indicado para un evento de etiqueta como una boda o una fiesta. Y aun en estos casos, debe ser sencillo y sutil. Aunque francamente, no entiendo la tendencia a lucir una cara que no es la tuya en una ocasión especial... Yo jamás lo he hecho.

Una «norma» que hay que seguir siempre a rajatabla es mantenerse alejada de la parte inferior del ojo. El delineador y la máscara en las pestañas inferiores hacen que los ojos parezcan más pequeños. Además, pasadas unas horas, empiezan a bajar y a depositarse en las arruguitas que rodean los párpados, lo que acentúa las ojeras; justo lo que no queremos. Hablo por mí, por lo menos.

¿Añadir un poquito de colorete? Todas nos sentimos más bonitas con algo de rubor en las mejillas. Es algo que va más allá de la vanidad, ya que en general es un indicador de salud y vitalidad. Ahora bien, conviene dejar las mejillas sonrosadas para los querubines y los niños. Con la edad, el rubor no hace más que atraer la atención hacia la piel flácida. ¡Mejor evitarlo! Usa una brocha grande para aplicar el colorete empezando por la parte más alta del pómulo, normalmente justo debajo del ojo, y alejándote del centro de la cara, en dirección ascendente, hacia el espacio entre el ojo y la oreja. Sea cual sea el tono de tu piel, descarta las gamas oscuras y los coloretes con una base marrón o cobriza (como los bronceadores), ya que pueden conferir un aspecto cetrino a tu tez. Elígelos con una base rosada o melocotón, que iluminará y dará brillo a tu piel. Muchos expertos sugieren también que para las mujeres de más edad es mejor el colorete en crema que en polvo.

Los labios: *Oh là là*. Se ha dicho, e incluso se han realizado estudios sobre la cuestión, que los hombres consideran que los labios son la parte más sensual de una mujer. No es extraño, pues, que tantas mujeres se pasen años adornándose los labios con colores y brillos que los realcen para sentirse más sexis y, de paso, más observadas.

Por desgracia, con la edad, la piel no es la única parte de la cara que muestra los efectos del paso del tiempo. Los labios empiezan a perder su color y a volverse más finos (de ahí que muchas mujeres de cierta edad recurran a las inyecciones de colágeno). También empiezan a aparecer unas arruguitas muy finas (parecidas a las que se forman alrededor de los ojos). Así es la vida. Pero lo que muchas mujeres no saben es que, en lo que a labios se refiere, con la edad también hay que aplicar la máxima de «menos es más».

De modo que conviene olvidarse de lo llamativo. Los colores neón y los tonos oscuros e intensos son demasiado para unos labios que se vuelven finos. Es un caso para el que no aconsejo el bermellón oscuro. Decántate por un tono rosa neutro, que va bien a la mayoría de tonos dc piel. Plantéate también un brillo transparente, que dará un aspecto más carnoso a tus labios sin sobrecargarlos.

Finalmente, es importante la coherencia, lo mismo que sentirte bien en tu propia piel. Yo tuve que aprender algunas cosas a las malas, y tengo las fotos y los vídeos que lo demuestran. No soy partidaria de los maquillajes extremos ni de nada que no sea retocar ligeramente los rasgos naturales de la persona. En mi vida profesional, tuve que recurrir tantas veces a maquilladores para mis apariciones televisivas que hasta me da vergüenza decirlo. No lograron convertirme en Catherine Deneuve. A veces consiguieron que no fuera yo misma. Hubo una época, por ejemplo, en que todos los principales programas matutinos de la televisión disponían de buenos maquilladores para los invitados. Pasar por su silla era una parte obligatoria de la participación en el programa. Jamás encontré dos iguales, y tampoco yo me veía igual, ni siquiera cuando hacía dos apariciones seguidas en dos canales. Siempre me convencían para probar un poquito de esto y otro poquito de aquello. Puede que una de cada cinco o tal vez de cada diez veces me dejaran estupenda, y eso me animaba a darle una oportunidad al siguiente. ¡Qué tonta! Ahora los locutores cuentan con personas que conocen su piel, su rostro, sus necesidades, el escenario e incluso los productos que les van mejor. Son auténticos maquilladores, y trabajan repetidamente con los mismos clientes para averiguar qué les va mejor. Por supuesto, las luces de los platós exigen un tipo de maquillaje que jamás llevarías por la calle.

El momento en que me decidí por el «menos es más» tuvo lugar en la entrega de los Oscar. ¡Es un trabajo duro, pero alguien tiene que hacerlo! En la época en que me desenvolvía en el mundo del champán trabajando para LVMH y Veuve Clicquot, solía ir a Hollywood, a las entregas de premios y a fiestas (estoy sonriendo). Si te alojas en cualquiera de los hoteles donde se hospedan las estrellas y los magnates de la industria, te llenan de detalles de cortesía, y si vas a ser el centro de atención, hasta te ofrecen vestidos y prendas de diseño prestados. Es la noche, prácticamente la única noche, en que Hollywood se viste de etiqueta, y todo el mundo quiere deslumbrar. Yo solía aceptar una sesión de peluquería y maquillaje gratis en un salón de belleza de Rodeo Drive. (Por cierto, por aquel entonces, «gratis» significaba dejar una propina de cien dólares por unos servicios que te habrían costado cien dólares, a pesar de que habrías pagado veinticinco dólares en la mayoría de locales de al lado.) Sé por qué quería que me peinaran. En cuanto al maquillaje... bueno, estaba ahí. Iba al salón de belleza siendo yo misma. Estaba más guapa después del peinado, pero ¿después del maquillaje? Al salir, me veía bien, pero no era yo. Sabía que iba a un baile de disfraces, pero hubiera preferido llevar mi propia cara.

UÑAS, UÑAS, Y EDAD

El tratamiento de las uñas puede considerarse otra forma de maquillaje, y muy eficaz, pero las uñas, como el cabello, envejecen, y exigen distintos tratamientos a lo largo del tiempo. Sin duda, las uñas, como el cabello, son una importante expresión de nuestro aspecto personal. ¿Recuerdas la mujer con el pelo de color zanahoria del Palacio Real? Solo una sugerencia: pasados los cuarenta años, no te plantees pintarte las uñas con esmalte de color zanahoria ni de colores brillantes y llamativos. ¿De acuerdo? Más que el color, una buena manicura consiste en llevar las uñas arregladas y, por supuesto, en mimarse un poco. Es algo bueno, positivo, y mejora el estado de ánimo.

Con el paso del tiempo, las uñas crecen más despacio y se suelen volver más frágiles y apagadas. Las uñas poco sanas, como el cabello poco sano, pueden ser señal de algún problema de salud más importante, especialmente de deficiencias nutricionales (cuidado con el efecto de las dietas yoyó en las uñas, especialmente las que se basan en la ingesta de proteínas). Con el paso de los años, las uñas pueden volverse amarillentas y opacas, y llenarse de estrías. Todo esto es natural, lo mismo que un mayor grosor y dureza, especialmente en las de los pies. Es, sencillamente, una incitación a pintar o pulir las uñas como parte normal de los cuidados cosméticos y de la actitud al envejecer.

Tengo la impresión de que en el pasado pintarse las uñas era una actividad que se hacía en casa o tal vez un extra que se pedía de vez en cuando en la peluquería. Pero en esta última década todo eso ha cambiado en Nueva York, y no solo en la Gran Manzana. Los salones de uñas han proliferado tanto como las cafeterías. Un dato real: en un radio de mil metros de mi casa en Manhattan hay por lo menos siete salones de uñas. Y, hasta donde yo sé, tienen una razonable clientela... todos ellos. Que te hagan la manicura ha dejado de considerarse un lujo caro y se ha convertido en una actividad rutinaria. (¡Hay por lo menos cinco cafeterías en el mismo reducido espacio!)

Como hay tanta gente que va a los salones a hacerse manicuras y pedicuras, a menudo con procedimientos que eres incapaz de efectuar tú misma en casa, la presión para que te apliques más, y no menos, es evidente. Las manicuristas intentan venderte sus procesos y procedimientos de modo que aumenten los importes y las propinas que les pagas. El mundo funciona así. Pero eso no significa que sea buena idea añadir destellos a tus uñas postizas de color púrpura. Por cierto, si bien las últimas uñas acrílicas son relativamente inocuas, aunque pueden adelgazar y/o quebrar la placa de las uñas, pueden provocar dermatitis alérgica, y tras quitártelas, son frecuentes las infecciones fúngicas y bacterianas.

Recuerda que, con la edad, menos es más, y la atención dedicada a las uñas tiene que coordinarse con el cuidado del pelo y con el maquillaje. Uno de los signos visibles de la edad que la cirugía estética todavía no ha conquistado es el dorso de la mano. ¿Quieres atraer la atención a los tuyos con un esmalte de uñas brillante o llamativo o unas uñas superlargas? No hace falta decir nada más.

Me gusta darme el lujo de que un experto me haga la manicura y la pedicura, especialmente ahora que la competencia ha hecho bajar los precios. Podría, incluso, hacerme la manicura o la pedicura en la mayoría de aeropuertos, aunque no lo hago. Ahora bien, hace poco me encontré con que la oferta se había llevado al absurdo: la pedicura con peces. En Saint-Rémy-de-Provence, un empresario exprime a los turistas sentándolos en una silla con los pies sumergidos en un acuario, donde los peces les mordisquean las cutículas muertas alrededor de las uñas de los pies. Según dicen, no funciona tan bien como las tijeras y los quitacutículas. Si alguna vez lo pruebo, me aseguraré de ir a primera hora del día, cuando los peces todavía tengan hambre.

6

Una vez al día, un poco de ejercicio invisible

¿Cómo afecta el paso de los años a los bailarines? Si te dedicas profesionalmente a los bailes de salón, es probable que puedas moverte por la pista hasta el ocaso. Pero los bailarines de ballet profesional, como la mayoría de deportistas profesionales, tienen una carrera limitada en la plenitud de su vida, y a menudo una lesión acaba con esa carrera, a veces prematuramente. ¿Y después qué? ¿Dedicarse a la enseñanza? ¿O a algo completamente nuevo y diferente? Por casualidad, los he encontrado en la floreciente industria del bienestar. Estos magníficos atletas, bien entrenados y educados, conocen bien el cuerpo humano, tienen amplia experiencia con los entrenamientos y destacan como profesores de yoga, de mantenimiento, de Pilates o de *gyrokinesis*. Enseñan técnicas de respiración, movimiento e incluso masaje a un nivel excepcionalmente alto en un ámbito en el que hay demasiadas personas relativamente aficionadas con credenciales modestas que te dicen qué tienes que hacer con tu cuerpo.

Como parte del estilo de vida con el que he abordado siempre el cuidado de mi cuerpo, que no es nada especial (siempre ha necesitado ayuda), he recurrido a un poco de colaboración externa, ya fuera para averiguar la clase adecuada de ejercicio físico que debía desarrollar o para imponerme disciplina (es decir, para vencer la inercia). En este sentido, he necesitado el empujón mental de una sesión programada, y de vez en cuando he precisado de ayuda para aumentar mis conocimientos. Como he vivido en Nueva York, he tenido la suerte de conocer a algunos de los mejores profesores y entrenadores del mundo. Alicia es uno de ellos.

Alicia había sido miembro del ballet de Nueva York hasta que, a los treinta años y después de doce en el circuito profesional, fue víctima de una lesión (y de un desengaño amoroso tras una larga relación), lo que la llevó a emprender una nueva carrera como profesora titulada en diversas de las áreas del bienestar que he mencionado. Está realmente dotada para su trabajo, al que se entrega por completo. Originaria del norte de Europa, hace un año decidió que necesitaba un cambio y se trasladó a París, a pesar de que no hablaba francés.

Volví a ponerme en contacto con ella en esa ciudad, y descubrí que está dando clases en un centro de Pilates. Le encanta la capital, es muy feliz y ha empezado a estudiar francés. «Pero ¿cómo puedes enseñar en París si no hablas francés?», le pregunté. «Muy fácil —me respondió—. La mayoría de los clientes son expatriados, huéspedes de hotel y turistas.»

Ya lo ves. A la mayoría de francesas que conozco, sea cual sea su edad, no les gusta la idea de «hacer ejercicio» o «practicar deporte» en un espacio cerrado. Es una cuestión cultural. Aunque hay que reconocer que para muchas de ellas es también una cuestión de tiempo (¿preferimos hacer otra cosa?), de pereza, de no considerarlo una prioridad o de entender que exige demasiado esfuerzo... y las francesas son famosas por evitar cualquier cosa que exija demasiado esfuerzo a cambio de demasiado poco placer.

¿Y tú?

Sin embargo..., el ejercicio físico frena el proceso del envejecimiento. Está demostrado. Por eso creo en incorporar el movimiento (es decir, el ejercicio físico, pero evito llamarlo así porque si la actividad física forma parte de tu estilo de vida, no es ningún ejercicio) a mis ocupaciones cotidianas, como subir o bajar la escalera un par de pisos en lugar de hacerlo en ascensor.

El movimiento consciente y habitual es algo obligado para envejecer bien, ya sea caminar, subir y bajar escaleras, practicar yoga, bailar, nadar, montar en bicicleta, practicar sexo, y lo que se entiende formalmente por «hacer ejercicio», especialmente pasados los sesenta y cinco años; es decir, cualquier cosa que te haga mover el trasero con alegría. (Pero, por favor, no sudes y te estreses como todas esas famosas que se torturan una tercera parte del día para estar en forma; por más intensidad que le pongan, se morirán, como todo el mundo. La gravedad no perdona a nadie.)

Ir despacio y tranquilamente permite ganar la carrera (¿recuerdas la liebre y la tortuga?): desde andar o nadar hasta la *gyrokinesis*. Pon tu cuerpo en forma. Respira mejor. Agudiza los sentidos.

Me encanta el mensaje de la reciente campaña francesa emitida en el cine y en la televisión que consta de una sencilla frase: «*Manger... bouger*» (Comer... moverse). Los franceses están sucumbiendo a la globalización, de manera que muchos de ellos han empezado a ponerse un poco rechonchos, y algunos hasta demasiado. Lástima que el mensaje se muestre muy a menudo bajo un anuncio de comida basura (¿ningún burócrata es capaz de ver que el Gobierno está tirando el dinero porque la comida que aparece arriba hipnotiza al personal?). Estos dos verbos, *comer* y *moverse*, van bien juntos, y si se hace sistemáticamente (sí, con moderación en ambos casos), seguro que llegas a tus últimas décadas en buena forma, o incluso en una forma excelente. Y también serás más feliz: ¿Qué te parece este beneficio adicional? ¡Y está libre de impuestos!

HABLA LA CIENCIA (O LA NATURALEZA)

No vamos a ahondar en la realidad física del envejecimiento. Si te cuesta un poco moverte al levantarte de la cama y arrancar por la mañana, ya sabes de qué estoy hablando... y si no lo sabes, lo sabrás. Pero seamos realistas y repasemos algunos de los síntomas fisiológicos del envejecimiento y, con ellos, las ventajas de llevar un estilo de vida adecuado que incorpore la actividad física.

Es comprensible que se produzca un desgaste natural, especialmente de las articulaciones y particularmente de la columna vertebral. El tejido conjuntivo pierde elasticidad, los fluidos lubricantes disminuyen y las fibras musculares se acortan. En fin, perdemos velocidad. La Provenza es el lugar ideal para vivir esta fase. El lema local es: «*Doucement le matin, pas trop vite l'après-midi, lentement le soir*» (Despacito por la mañana, no demasiado rápido por la tarde y lentamente por la noche).

A lo largo de las décadas vamos perdiendo masa muscular (es un proceso que empieza entre los veinte y los treinta años, desgraciadamente), y con ella, fuerza y resistencia. Es bastante común que la masa muscular haya disminuido entre un treinta y un cuarenta por ciento al llegar a los setenta. Y como las neuronas motoras mueren, especialmente pasados los sesenta, y también perdemos más fibras musculares de contracción rápida que de contracción lenta, perdemos rapidez y equilibrio.

Ya a los veinticinco años, el sistema cardiovascular empieza a deteriorarse. El ritmo cardíaco desciende entre cinco y diez latidos por minuto cada década. La capacidad pulmonar se reduce alrededor de un cinco por ciento cada década. Los grandes vasos sanguíneos que transportan el oxígeno se endurecen y la tensión arterial se eleva. El sistema respiratorio puede perder entre el cuarenta y el cincuenta por ciento de su capacidad máxima. En fin, para qué seguir.

Si todavía viviéramos en una sociedad agrícola, seguramente nuestro estilo de vida equivaldría a un entrenamiento en varios deportes, pero entonces lo más probable sería que no muriéramos de viejos, sino de una enfermedad o de un accidente. Pero como vivimos en una economía del conocimiento, llevamos un estilo de vida sedentario que está relacionado con una mayor formación. Sí, hay que pagar un precio por todo.

¿QUÉ HACER? Y LOS BENEFICIOS

Si vas al trabajo o de compras en coche y das vueltas por el estacionamiento en busca de la plaza que quede más cerca de donde tengas que ir, ¿puedo sugerirte un pequeño cambio en tus hábitos? ¿Por qué no te detienes en la primera plaza que encuentres y vas a pie desde allí? Puede que ya lo hayas oído antes. Sé que di este consejo el año 2004 y pareció una idea innovadora; ahora es una recomendación habitual. Pero ¿la sigues? La cuestión es mirarte en el espejo y preguntarte si tu rutina diaria habitual implica por lo menos entre treinta y sesenta minutos de actividad física. Si no es así, ¿por qué no? Si dedicas menos tiempo a moverte, tu estilo de vida no es saludable. Estamos ante un caso en el que menos no es más. ¿Por qué llevas este tipo de vida?

Utilizar el cuerpo no detendrá el proceso de envejecimiento, pero puede frenarlo... mucho. Y no solo podemos añadir uno o más años, tal como se ha demostrado, con respecto a quienes llevan un estilo de vida más sedentario, sino que podemos aumentar considerablemente la calidad de nuestra vida a edad avanzada.

La actividad física permite aumentar la fuerza y la masa muscular, incrementa el ritmo metabólico, reduce el colesterol malo, reduce los lapsus de memoria, aumenta la calidad del sueño, reduce la tensión sanguínea, disminuye la rigidez muscular y refuerza la movilidad y el equilibrio. ¿Qué más necesitas para convencerte?

Cuando pensamos en usar el cuerpo, debemos tener en cuenta:

- La fuerza
- La flexibilidad
- La capacidad aeróbica
- La respiración

Un estilo de vida saludable debería incluir movimientos físicos que aumenten la fuerza y el ritmo cardíaco, llenen los pulmones, y estiren los músculos y los tejidos conjuntivos. En caso de que no sea así, tendrías que cubrir las carencias añadiendo una actividad para combatir la debilidad. Subir tres o cuatro tramos de escaleras puede abarcar todo lo mencionado, pero hay veces y situaciones en que decides «hacer ejercicio».

Una buena posibilidad consiste en realizar un entrenamiento de fuerza. Lo más positivo de este tipo de ejercicios es que se obtienen resultados y beneficios espectaculares en cuanto al desarrollo muscular, el equilibrio, la postura, la forma de andar y la musculatura, especialmente a una edad avanzada. Así que puede que en el futuro te convenga hacer un poco de pesas, además de los ejercicios del entrenamiento de resistencia estándar. Últimamente he acabado comprendiendo el valor extremo de fortalecer las partes básicas de mi organismo, y sus beneficios a la hora de conservar el equilibrio, la postura, la capacidad pulmonar y de evitar los dolores de espalda y de otras partes del cuerpo, así como de aumentar la flexibilidad. Por eso, actualmente efectúo una serie regular de movimientos de Pilates en la campaña semanal antienvejecimiento, o más bien para vivir lo más saludable posible, que hago en casa.

Por lo general la gente no se lesiona andando, subiendo o bajando escaleras o nadando. Otra cosa distinta son los ejercicios en el gimnasio. En algún momento necesitarás un entrenador o un fisioterapeuta, o tendrás que asistir a una clase para poder elegir los ejercicios adecuados que te permitan abordar las necesidades concretas de tu cuerpo.

Mi marido realiza por la mañana una breve rutina de ejercicios para estirar y fortalecer los músculos como forma de mitigar sus problemas en la zona lumbar. Sus ejercicios evolucionaron un poco a lo largo de una década y, recientemente, unas cuantas sesiones preventivas con un fisioterapeuta revelaron que un par de ejercicios de su rutina habitual eran totalmente perjudiciales para él.

Internet puede ser un recurso fantástico para encontrar al médico o al fisioterapeuta que te convenga, entre los muchos que hay, y te permitirá estar informado sobre causas, opciones y tratamientos. Pero también es una herramienta peligrosa, ya que en internet todos somos médicos aficionados. Para resolver nuestras dudas en algún momento hay que recurrir a los consejos valiosos de un experto de confianza, sobre todo si hemos tenido problemas de salud.

LA MINIMALISTA (COMO YO)

Todos los domingos por la mañana, cuando paseo por los Jardines de Luxemburgo, cerca de mi casa en París, veo un grupo de hombres y mujeres, algunos de ellos bastante mayores, haciendo tai chi. En el parque, bajo los árboles, este movimiento coreografiado a cámara lenta resulta interesante y entretenido. ¿Es ejercicio físico? ¿Entrenamiento de fuerza? ¿Ejercicios de equilibro estático? ¿Es una actividad de ocio? ¿Una diversión? Para ellos, no hay ninguna duda de que lo engloba todo. A cien metros de distancia, hay gente jugando su partido de tenis de los domingos por la mañana. Para mí, las dos cosas son mejores que ir al gimnasio. Son actividades placenteras que forman parte de una rutina de un estilo de vida saludable.

Andar forma parte del comportamiento habitual de la mayoría de francesas. Vamos andando a todas partes (por lo menos las que llevamos una vida como la de *Las francesas no engordan*), y si nos parece que no tenemos suficientes ocasiones para hacerlo, nos las inventamos. Por ejemplo, muchísimas francesas suben o bajan a pie en lugar de usar las escaleras mecánicas. No me cansaré de decir que andar es uno de los mejores ejercicios y movimientos físicos, pero en la mayor parte del mundo la gente no suele decir: «Salgo a dar un paseo.» Los estadounidenses hacen senderismo o practican en una cinta de correr, con lo que el ejercicio físico se convierte en algo programado y no en parte de sus movimientos cotidianos. En realidad, basta con andar veinte minutos la mayoría de días. El mejor momento es antes de desayunar, pero cualquier hora es buena. ¿Necesitas algo más inusual para motivarte? Prueba la marcha nórdica o la gimnasia acuática. Ambas prácticas han captado la atención de los franceses. Y también existe algo que se utiliza en todo el mundo: ¡consíguete un perro!

Que quede claro: andar por lo menos veinte minutos al día es el mejor ejercicio sin ejercicio que puedes hacer para estar sana y en forma. También es el mejor programa para perder peso. Yo camino un mínimo de cuarenta minutos cotidianamente, y algunos días lo hago dos horas. Nueva York tiene metro, pero cuando hace buen tiempo (y en Nueva York el tiempo es relativamente bueno diez meses al año), me organizo para regresar a pie la media hora o la hora que se tarde desde donde esté. En ese momento puedes andar varios kilómetros cómodamente. Una amiga mía que vive en Florida se encuentra con sus amigas del barrio todos los días laborables antes de ir a trabajar por la mañana para andar y charlar treinta minutos. Excelente. Es muy beneficioso y me recuerda el viejo refrán mexicano: «La conversación es el alimento del alma.» Así pues, andar y charlar alimenta el alma de más de una forma cuando envejecemos con actitud positiva.

Simplemente me asombra la gente que vive en un segundo piso y sube y baja siempre en ascensor. Es lo que hace prácticamente todo el mundo en Estados Unidos. En mi edificio de Manhattan, no es nada raro ver personas, muchas de ellas de entre veinte y cuarenta años, en el ascensor en ropa deportiva para ir al gimnasio del edificio. Yo todavía no he puesto un pie en ese gimnasio... y sospecho que ellos todavía no los han puesto en la escalera limpísima, segura y bien iluminada del edificio.

Una nueva pregunta para hacerse delante del espejo: ¿Incluyes estos movimientos tan sencillos y estupendos entre tus actividades diarias? Puedes empezar a incorporar a tu rutina diaria el hecho de ir a pie. Sin duda, en la mayoría de sitios es muy agradable estar al aire libre en primavera y otoño, aparte de que nos permite recibir más luz natural, lo cual nos favorece mental y físicamente. Una vez más, incluir las caminatas en una rutina que esté formada por una mezcla de calentamientos y estiramientos, esfuerzo cardiovascular (anda enérgicamente un rato), fortalecimiento muscular y relajación puede hacer maravillas.

No estoy sugiriendo que todo el mundo pueda realizar todo el ejercicio físico aprovechando actividades rutinarias; hay quien tiene que programar el ejercicio físico algunas veces, o incluso todas.

Si se trabaja una semana laboral normal, lo que para muchas personas implica largas jornadas, la opción de practicar una actividad física puede resultar complicada. Personalmente, añadí veinte minutos de yoga o una caminata a primera hora de la mañana antes de ir a trabajar todos los días (y más tiempo los fines de semana). Se convirtió en una religión.

El doctor Milagro (de *Las francesas no engordan*) me dio pronto el mejor consejo: hagas lo que hagas durante más o menos veinte minutos, hazlo antes de desayunar. Salvo que jamás me explicó por qué, y como era joven, nunca le pregunté ni se me ocurrió hacerlo. ¿Por qué antes de desayunar? Mi primo, que en su día fue deportista profesional, me dijo hace poco (tiene cincuenta y tantos, rebosa salud, siempre está de buen humor y es de lo más chistoso) que el método es ideal para perder unos kilos fácilmente. (¿Puedo contarte un secreto? Estoy convencidísima de que los aproximadamente veinte minutos de ejercicio o de yoga antes del desayuno me han permitido mantenerme en mi peso toda la vida.) Mi primo me explicó en términos sencillos que hacer cualquier deporte antes de tomar el desayuno es más efectivo como sistema de control de peso porque durante la noche el organismo obtiene su energía de la reserva de grasa y lo sigue haciendo cuando nos levantamos hasta que comemos algo. Después, obtiene la energía de la comida recién ingerida. Intenta, pues, añadir algún movimiento antes de desayunar durante unos meses (pero no olvides beber antes un vaso de agua) y observa cómo va desapareciendo la tripa.

Pero si no puedes levantarte temprano (o lo bastante temprano) por la mañana, no renuncies al ejercicio. Sigue siendo mejor hacer algo por la noche o a la hora del almuerzo que no hacer nada en absoluto. Aunque no era necesario que te lo dijera... ¿O había que recordártelo?

RESPIRACIÓN

El mayor descubrimiento que he hecho al empezar a envejecer (mi subconsciente quería que escribiera «madurar» en lugar de «envejecer», pero el espejo dijo «envejecer») es el poder y la importancia de la respiración. No es ninguna tontería. Ya sé que tenemos que respirar para vivir. (Lo hacemos unas veintiún mil veces al día, pues las células de nuestro organismo necesitan alrededor de cuarenta kilos de oxígeno al día.) Pero respirar como es debido e incorporar ejercicios y técnicas de respiración a nuestra actividad cotidiana puede resultar transformador. Por ello los incluí antes, junto con el entrenamiento de fuerza, la actividad aeróbica y los ejercicios de flexibilidad.

Respirar puede englobar estas tres cosas y, sin duda, es una rama de la medicina mental. A medida que envejecemos, ejercitar el diafragma y aumentar la capacidad pulmonar añade oxígeno y nos aporta más energía y resistencia. Es una actitud y un movimiento antienvejecimiento que, además, contribuye al bienestar mental y reduce los efectos de la ansiedad. El estrés no es bueno para la salud, claro. Prestar atención regularmente a la forma en que respiramos mejora literalmente nuestra vida, nuestra salud y la forma en que nos enfrentamos al envejecimiento. ¿Por qué no lo enseñan en el colegio?

En la Provenza, mi marido y yo dimos con una «masajista» camerunesa que es una especie de sacerdotisa de la respiración. Sus sesiones son un poco como las de espiritismo, con velas aromáticas mientras canta despacio a modo de mantra: «*Respirez... respirez*» (respira... respira), y a veces: «*Abandonnez-vous*» (abandónate). Funciona... Te relajas en un santiamén. (Respira... detente... respira.) «*Respirez*» se ha convertido en un chiste privado entre nosotros.

Durante años me han dicho que mi respiración era superficial, y era verdad. He trabajado, y sigo trabajando, para corregirlo, y he logrado mejoras lentas, aunque increíbles, que han transformado muchísimas áreas de mi vida.

He visto malas respiraciones infinidad de veces en toda clase de sitios y ambientes, mientras observaba a alguien realizar alguna clase de movimiento, desde aerobic o tai chi hasta un baile, pero también mientras veía a gente hablar en una reunión, hacer una presentación o cantar.

Creemos que sabemos inspirar y espirar, y respirar por la nariz, pero la mayoría de nosotros no lo hace bien, ni siquiera adecuadamente. Mira a un bebé y verás una respiración correcta, llamada también respiración abdominal, usando el diafragma (la mayoría de nosotros respiramos utilizando los músculos intercostales del tórax). Si logras hacerlo de forma inconsciente, te cambiará la vida. Para empezar, veras que desaparecen los síntomas de la ansiedad.

Descubrí la forma correcta de respirar y muchos ejercicios respiratorios, gracias al yoga. El yoga es una disciplina a la que hay que dedicarle tiempo. Pero, salvo para quienes insisten en hacer cuanto puedan lo más rápido posible... y sudar la gota gorda, consiste en una serie de estiramientos y posturas tranquilizantes y relajantes.

Os cuento mi historia con el yoga: tomé un par de clases en mi época de estudiante en París, en un momento en que se puso de moda. Como no acabó de convencerme, me olvidé de ello casi veinte años. Y entonces, cuando rondaba los cuarenta años y vivía en Nueva York, me di un golpe mientras iba en taxi a una cita de trabajo, y estuve todo un año sufriendo un dolor constante (excepto durante la hora del quiropráctico y la siguiente), la mayoría de las veces brutal, y en ocasiones insoportable, hasta que una conocida italiana que había vivido aquí me recomendó su profesora de yoga... ¡a dos manzanas de mi despacho! Tras dos clases, el dolor había desaparecido. Faith, una mujer con unas manos de oro, me dijo que tal vez tuviera que hacer algo de yoga el resto de mi vida. Una nueva vida, o mi siguiente vida, porque poder ser yo misma de nuevo me hacía sentir de lo más aliviada, feliz y exultante. Empecé a practicarlo, al principio en su estudio, en clases particulares de treinta minutos a la hora del almuerzo, y después en su reducida clase por la tarde siempre que estaba en la ciudad. Cuanto más aprendía, más me gustaba. Pasados unos años, empecé mi propia práctica matutina y en la actualidad no puedo prescindir de ella. Enriquece mi vida tanto en el aspecto físico como en el mental y el profesional. Cuando me la salto, sé que ese día me faltará algo.

Si todavía no has probado el yoga, puede que sea un buen momento para hacerlo. Mejorará tu vida de formas que ni te imaginas.

Hay quien aprende técnicas de respiración tocando un instrumento de viento o practicando algún deporte, incluida la natación. Yo no soy demasiado atlética, pero me gusta nadar, aunque no se me da demasiado bien. Yo diría que más bien chapoteo. Pero cuando logro sincronizar la respiración, los movimientos y la mente, me asombra lo mucho que mejora mi resistencia. Hago un largo tras otro como si estuviera andando. Todo se debe a la respiración. Muchísimas cosas se deben a la respiración. Decididamente.

Una de las grandes ventajas de los ejercicios de respiración es que puedes hacerlos casi en todas partes y a cualquier hora del día. A continuación encontrarás cuatro que yo hago regularmente: el primero es una forma sencilla y tranquilizante de reaprender a respirar concentrándote en el diafragma. Sin duda, fortalece los músculos del abdomen/diafragma y tiene la ventaja añadida de alisarte la tripa y protegerte la espalda. Otro aumenta especialmente la capacidad aeróbica, y el último ejercicio te calma y reduce la tensión arterial. Increíble.

1. PRÁCTICA DEL DIAFRAGMA

Puedes realizarlo de pie, sentada en una silla o tumbada. Hazlo regularmente unos minutos y no pienses en nada más. Si te viene algo a la mente, acéptalo, pero rehúyelo enseguida y sigue concentrándote en respirar. Reconozco que este y los demás ejercicios son sumamente básicos, pero su eficacia está demostrada. Pruébalo.

- Inspira dirigiendo el aire hacia el diafragma (nota cómo el ombligo sobresale al tensarse los músculos abdominales).
- Observa a un bebé y verás una respiración abdominal correcta, usando el diafragma (la mayoría de los adultos respiramos usando los músculos intercostales del tórax). Al inspirar, ponte la mano sobre la tripa y nota cómo se expande al inhalar el oxígeno; al espirar, presiona el ombligo hacia dentro, hacia la columna vertebral.
- Inspira por la nariz y espira por la boca. Al hacerlo, tarda más tiempo en espirar que en inspirar (puedes contar despacio hasta dos para inspirar y hasta cuatro para espirar).
- Ve respirando más despacio cada minuto que pase (con respiraciones más profundas en las que cuentes hasta cuatro para inspirar y hasta ocho para espirar).

2. CALMANTE CORPORAL

Este ejercicio contribuye a eliminar la tensión de los músculos y las articulaciones. Algunos profesores de yoga terminan siempre con esta sesión; otros empiezan y acaban con ella. Se denomina *savasana*, y relaja totalmente el cuerpo. Realízala entre cinco y diez minutos para obtener buenos resultados. Si la haces más rato (¡especialmente en el trabajo!), ve con cuidado, porque puedes relajarte tanto que te quedes dormida (confieso que a mí me ha pasado). La idea es mantenerte despierta, así que concéntrate.

Cuando tengo mucho trabajo o estoy de viaje y me siento estresada, esta sencilla rutina me devuelve a la normalidad en poco tiempo.

Sitúa correctamente el cuerpo en el suelo, si puede ser, tumbada en una colchoneta (yo lo he hecho en el suelo de mi despacho, o si estaba de viaje, sobre una toalla de hotel) boca arriba para que la columna vertebral esté relajada. Antes de empezar la rutina de ejercicios de respiración, comprueba lo siguiente:

- Tienes la cabeza recta, mirando al techo, y no ladeada o echada hacia delante.
- Tienes el cuello bien extendido, no encogido.
- Tienes los hombros nivelados/paralelos y relajados, alejados del cuello.
- Tienes los brazos en el suelo, ligeramente separados del cuerpo, con los codos un poco doblados y las palmas hacia arriba.
- Tienes las caderas niveladas/paralelas.
- Tienes las rodillas separadas a la distancia de las caderas, paralelas, y los pies caídos hacia fuera.
- Tienes la pelvis situada de tal forma que conservas la curva cóncava normal de la parte lumbar en la cintura (hasta que te resulte automático, después de una o dos veces, esta parte es la única en la que puede que necesites que alguien te diga si estás bien colocada; tendría que haber espacio entre el suelo y la curva de tu espalda).

Ahora que ya estás cómodamente tumbada boca arriba, cierra los ojos y la boca y empieza con unas cuantas respiraciones (recuerda que debes hacerlo con el diafragma):

- Inspira despacio, detente un par de segundos y espira despacio. Repite unos minutos hasta que te sientas relajada.

1. RESPIRACIÓN ALTERNA

Este es otro ejercicio clásico para mejorar la respiración que puedes hacer en cualquier sitio y a cualquier hora, incluso sentada ante un escritorio o a la mesa de la cocina. Si lo haces todas las mañanas, te tranquilizará mucho.

- Para empezar, respira por el orificio izquierdo de la nariz. Ciérrate la fosa nasal derecha con el pulgar derecho e inspira por el orificio izquierdo, contando hasta cuatro. Espira contando hasta ocho. Repítelo seis veces. Haz lo mismo por el orificio derecho.
- Cuando te sientas cómoda respirando por un solo orificio de la nariz, puedes ir alternando ambos. Repítelo doce veces para lograr unos resultados óptimos.
- La siguiente variación consiste en inspirar por el orificio izquierdo de la nariz contando hasta cuatro. Después, tápate la nariz y contén la respiración contando hasta dieciséis. Espira por el orificio derecho de la nariz contando hasta ocho. Inspira por el orificio derecho de la nariz contando hasta cuatro. A continuación, tápate la nariz y contén la respiración contando hasta dieciséis. Espira por el orificio izquierdo de la nariz contando hasta ocho. Repite tres veces y, a continuación, hazlo a la inversa, empezando la respiración por el orificio derecho de la nariz.

2. RESPIRACIÓN RÁPIDA

Conocido como *kapalabhati*, este ejercicio básico de respiración rápida es un potente purificador. Sin duda, fortalece los músculos abdominales y, sí, respirar quema calorías, pero ¿quién las cuenta?

Siéntate y encuentra una postura cómoda. Asegúrate de tener la columna vertebral recta. Para concentrarte mejor, pon las manos en postura de yoga, con las palmas sobre los muslos, los dedos índice y pulgar en contacto, y concentra mentalmente la mirada en el llamado tercer ojo, situado entre las cejas.

- Con la boca cerrada y los ojos mirando hacia abajo o cerrados, expulsa repetidamente el aire por la nariz de forma breve y fuerte mientras aprietas/tensas el abdomen. Expulsa, expulsa, expulsa el aire por la nariz. No inspires; ya lo harás naturalmente.
- Empieza con veinte repeticiones, relaja después el abdomen para permitir que los pulmones se llenen de aire. Puedes ir aumentando hasta llegar a cincuenta o incluso hasta cien repeticiones.

¿Qué? ¿No te sientes ya tranquila y relajada?

7

¿Por qué no descansar, relajarse... y dedicarse al placer?

¿Cuántas horas duermes por las noches? ¿Sabes si duermes lo suficiente? Si es así, ¿cómo? ¿Qué rituales sigues para prepararte?

¿Qué me dices del *plage de temps* (el espacio mental, y a veces físico, en que nos dedicamos tiempo a nosotros mismos diaria o periódicamente)? La mente es su propio lugar. ¿O de las vacaciones? Los franceses se toman muy en serio las vacaciones. ¿Y tú? ¿Qué entiendes por dedicarte al placer? Está bien, ¿qué otra cosa entiendes por dedicarte al placer?

Dormir. Tiempo para uno mismo. Vacaciones. Placer. Eso es todo.

Los franceses duermen de media nueve horas al día. Es considerablemente más que lo que duermen mis amigos estadounidenses, que parecen creer que es un honor hacerlo cinco o seis horas al día, o incluso menos. Mucha gente afirma que no es necesario dormir tanto. Tonterías. ¿No habrá por casualidad alguna relación entre la larga esperanza de vida de los franceses y las horas que ejercitan sus músculos del sueño?

Cuando estamos en París, mi marido, que es estadounidense, siempre se fija en lo oscuros que están los edificios cuando volvemos tarde, después de cenar en casa de un amigo o del teatro. Aunque apenas son las once, casi todas las luces están apagadas. Para empezar, los franceses no miran demasiado la televisión (no se quedan despiertos para ver los programas de la noche). Llegan a casa del trabajo, preparan la cena, se sientan a comer (¡eso sí que es diversión!) y se relajan. Algunos prolongan la velada leyendo o escuchando música media hora, pero hacia las diez o las once de la noche la mayoría está en brazos de Morfeo. Nada de enviar correos electrónicos o de quedarse frente a la pantalla del ordenador hasta altas horas. ¡Qué diferencia con Nueva York, la ciudad que nunca duerme! Desde nuestras ventanas de Manhattan, vemos muchas luces y personas en los edificios que nos rodean hasta bien entrada la madrugada. Y las pocas veces que nos levantamos al alba para tomar un avión, nos sorprende ver que hay bastantes lucecitas encendidas. ¡Caramba!

Evidentemente, no estoy diciendo que en París los jóvenes de veinticinco años no vayan a la discoteca a bailar y beber, o que no salgan en los barrios populares y hagan ruido por la calle los sábados hasta pasada la medianoche. No es que los chicos de dieciséis años dejen de enviarse mensajes de texto a una hora concreta... o que nadie mire la televisión y todo el mundo la apague a las once de la noche. Pero en comparación con Nueva York, París está en otro planeta. En nuestro barrio de Manhattan hay tanta gente en la calle a las once de la noche como a las once de la mañana, puede que más, todos los días de la semana. En Francia, eso solo pasa en las estaciones de ferrocarril.

Prueba los siguientes consejos para que también tú puedas disfrutar de las ventajas de una buena noche de sueño y puedas hacerlo naturalmente (la cantidad de productos para facilitar el sueño que se venden sin necesidad de receta está aumentando tanto en Estados Unidos como en Francia... ¡La globalización nos iguala a todos!).

Sin que importe tu edad (cuarenta y tantos, cincuenta y

tantos, sesenta y tantos o más), lo siguiente te ayudará a hacer unos cuantos cambios; después puedes retocar ligeramente tu reto personal y mejorar tu sueño y tu salud (cuanto más se duerme, menos se come).

¡Muévete, muévete, muévete durante el día! Está científicamente demostrado que el ejercicio físico no solo sirve para quemar calorías, sino que facilita conciliar y mantener el sueño. No hace falta correr un maratón ni pasarse horas sudando; con un paseo enérgico de veinte a treinta minutos o una sesión de yoga bastará. (¡Procura no hacerlo inmediatamente antes de acostarte, porque tendría el efecto contrario!)

Evita el consumo de estimulantes, como la cafeína, la nicotina y el alcohol. Estas tres sustancias nos ponen nerviosos, merman la calidad de nuestro sueño y afectan a nuestra capacidad de conciliarlo. Tras su consumo, puedes despertarte en plena noche aunque te hayas quedado dormido sin dificultad. Mucha gente que recurre a la cafeína para ir tirando a lo largo del día se horroriza al enterarse de que el efecto estimulante dura hasta doce horas después de haberla ingerido.

Intenta acostarte y despertarte a la misma hora todos los días. Nuestro organismo ansía el equilibrio, y si entrenamos nuestro cuerpo para que se duerma y se despierte a determinada hora (a pesar de que sigamos teniendo sueño), finalmente atenderá a nuestra petición. No lo cambiará ni el hecho de recuperar sueño el fin de semana.

Ahora bien, pasados los cincuenta, intenta acostarte una hora antes de lo habitual dos veces a la semana y comprueba cómo se traduce eso en una mayor energía.

Reserva la habitación solo para dormir. De acuerdo, hay otra cosa que está permitida, y que quizá te ayude a dormir. Pero mirar la televisión, cuadrar las cuentas bancarias, hacer papeleo, comer o trabajar con el portátil, o simplemente holgazanear en la cama puede ser fuente de problemas cuando finalmente llega el momento de conciliar el sueño.

Las infusiones obran maravillas. Las infusiones de manzanilla, anís, valeriana e hinojo son famosas por facilitar la relajación y contribuir a conciliar el sueño. La mayoría de las tiendas de productos dietéticos disponen también de sus infusiones especiales.

En la granja de mi abuela, tras tomar todos media taza de leche tibia recién ordeñada, la casa se quedaba en un silencio total durante ocho horas largas, sin que la edad fuera un factor condicionante.

Apaga más temprano las luces. La luz indica a nuestro cerebro que es de día y puede interferir en la capacidad de nuestro cuerpo de relajarse para dormir.

Los reguladores de intensidad pueden servir a tal efecto, aparte de para ahorrar electricidad.

Apaga el ordenador y el televisor por lo menos media hora, y preferiblemente una hora, antes de acostarte. Ambos aparatos suelen mantener activo nuestro cerebro, lo último que queremos antes de acostarnos. ¿Alguna vez se te ha ocurrido que la luz del ordenador puede alterar nuestros patrones del sueño, al sugerirte que es de día cuando es de noche? Pues así es. Ya sé que puede resultar difícil apagar el televisor y el ordenador, pero admite que necesitas un rato de preparación para dormir. Bueno, los juegos preliminares son otra cosa.

Si no concilias el sueño en media hora, levántate y lee un libro (mejor que no sea de acción o aventuras) o escucha música relajante un ratito. Quedándote en la cama solo lograrás agitarte más.

Evita las cenas demasiado copiosas antes de acostarte. Cena por lo menos dos o tres horas antes del momento en que piensas acostarte; e ingiere la mayoría de proteínas en el desayuno, menos en el almuerzo y aún menos en la cena. (Soy consciente de que es difícil seguir la norma de las dos horas cuando vas a cenar con amigos o familiares a un restaurante, pero esa es la excepción, no la norma.) Una cena ligera, con una sopa de primer plato (como suele hacerse en los hogares franceses) favorece una noche de sueño placentero.

El refrán «*Qui dort dîne*» (Quien duerme, cena) es, en gran medida, cierto: no tienes que acostarse con hambre, aunque intentar conciliar el sueño con el estómago lleno después de haber tomado un tentempié frente al televisor no es, desde luego, lo ideal.

Crea un ambiente que induzca el sueño con el dormitorio totalmente a oscuras, bien ventilado y fresco. Si no tienes cortinas opacas, ponte un antifaz para dormir. Si vives en una calle muy concurrida, prueba con un ventilador, un aparato generador de ruido blanco o unos tapones para los oídos.

Y recuerda, un mal patrón de descanso y sueño nocturno provoca mal humor, poca capacidad de concentración, más estrés y, especialmente en el caso de las mujeres, mayor riesgo de padecer una cardiopatía, por no hablar de que la piel no luce su mejor aspecto. *Bonne nuit, mes amies!*

PLAGE DE TEMPS, O TIEMPO PARA UNO MISMO, Y VACACIONES

«*Mon passe-temps favori, c'est laisser passer le temps, avoir du temps, prendre du temps, perdre mon temps, vivre à contretemps*», dijo Françoise Sagan. (Mi entretenimiento favorito es dejar pasar el tiempo, tener tiempo, tomarme tiempo, perder el tiempo, vivir a destiempo.)

Como sugerí al principio de este capítulo, para conservar la salud es preciso mantener un equilibrio mental y físico. Estoy convencida de que casi todos nosotros lo sabemos, pero a veces perdemos de vista lo que realmente nos conviene. Necesitamos tiempo para nosotros mismos; necesitamos tiempo para practicar actividades de ocio, necesitamos tiempo para hacer vacaciones; necesitamos tiempo para pensar. Ten bien presentes palabras como «descansar», «revitalizarse», «recuperarse», «relajarse», «renovarse», especialmente después de los cincuenta, cuando el sistema inmunitario empieza a debilitarse.

Algunas personas se sienten culpables cuando no están trabajando o cuando dedican tiempo a sí mismas. A mi entender, tendrían que modificar ligeramente su actitud. La próxima vez que conozcas a alguien, empieza por preguntarle: «¿A qué dedicas el tiempo de ocio?» Puede que te sorprenda la expresión, el silencio, o el reconocimiento de que no dispone de tiempo libre para nada. Tomar la iniciativa para mantener el equilibrio físico y mental equivale a ser productivo.

Esta clase de productividad puede adoptar muchas formas. Jugar a golf, por ejemplo, ocupa mucho tiempo, o eso me cuentan, pero evidentemente tiene unos beneficios físicos y mentales que llevan a seguir practicando este deporte hasta bien entrados los setenta y los ochenta. La sensación de enviar la pelota por la calle con un buen *drive* debe de ser muy especial, porque la gente no se cansa de hacerlo.

A veces el tiempo que dedicamos a nosotros mismos lo pasamos en la playa o en la piscina. Nadar es una actividad física muy extendida en Francia. Desde luego, yo cuando nado no lo considero ejercicio físico, pero sé que es una actividad beneficiosa.

Piensa en Michel Drucker, el presentador francés que lleva tantos años apareciendo en pantalla que la gente comenta, en broma, que está incluido en la compra del televisor. Muchas familias francesas ven su programa los domingos por la tarde y, hoy en día, a sus setenta y tantos años, sigue dando la impresión de tener cincuenta. Su píldora mágica: la natación. Tenemos una expresión, *«nager dans le bonheur»* (literalmente, nadar en la alegría), para decir que estás contentísimo, y desde luego el señor Drucker parece estar pasándoselo en grande. Se convirtió en un nadador entusiasta hace poco más de quince años y ha convencido a jóvenes y mayores del mundo del espectáculo, así como a muchos de sus fans, de que incluyan la natación en su vida cotidiana, y el número de adeptos a esta actividad no deja de aumentar. Los médicos aconsejan la natación para mejorar el corazón, la espalda, la moral y la cintura. También es un buen remedio para el dolor articular, el tono muscular, la función cardíaca y respiratoria, y la flexibilidad. Además, contribuye a mantener una elevada función cerebral.

En el caso de Drucker, el dolor de espalda y el estrés lo llevaron a seguir el consejo de un amigo y a empezar sus dos horas y media de práctica a la semana. Ya era un excursionista esporádico y un apasionado ciclista (todavía lo es) en su querida Provenza (yo lo he visto por ahí y es un ciclista estupendo, que sube las escarpadas carreteras serpenteantes de los Alpilles), pero la natación lo transformó, no solo porque le alivió el dolor de la espalda tras años de sufrimiento, sino porque le hizo sentirse más alto, además de proporcionarle un aspecto esbelto y los hombros de un hombre joven. Asegura que la natación le salvó la vida, tiene los músculos abdominales duros como una piedra, y sale de la piscina cargado de endorfinas. ¿Qué te parece esta receta para envejecer (o para prepararse para envejecer) con actitud positiva?

PETANCA

El tenis, como el golf, es otro deporte recreativo que se juega hasta una edad avanzada y es muy popular en muchos de los países desarrollados y en vías de desarrollo del mundo, incluido Francia en los últimos años. Ahora bien, como deporte participativo, mis compatriotas franceses prefieren en primer lugar el ciclismo y, cada vez más, la petanca, que a mí me encanta porque puede jugarse con personas de muy diferente condición física y, al igual que el golf, facilita la comunicación social. En Francia, un país con sesenta y cinco millones de habitantes, practican esta actividad casi veinte millones de personas.

Hasta hace poco la petanca se jugaba sobre todo en la Provenza y el sur de Francia en general, además de Córcega y España (sin olvidar, por supuesto, las bochas, un juego similar que se juega en Italia). Su popularidad (y adicción) se ha extendido en las últimas décadas, y debo decir que en la década de los noventa yo misma intervine en la introducción de torneos de petanca en Estados Unidos para celebrar el día de la toma de la Bastilla. Los veraneantes ingleses y de otras partes del mundo se la han llevado de vuelta a casa, y es habitual en zonas de influencia francesa como Quebec, Vietnam, Camboya y Laos.

En este deporte, dos equipos formados por dos, tres o cuatro personas juegan por turno para intentar situar sus bolas de metal lo más cerca posible de una bolita de madera llamada boliche (*cochonnet* en francés). Aunque hay muchos niveles de técnica y muchas estrategias, tanto los niños, como los novatos y los jugadores modestos (léase fatales) como yo pueden disfrutar en igual medida que los profesionales. Y es una ocasión perfecta para establecer y mantener unas beneficiosas relaciones sociales.

Como visitante frecuente y habitante de la Provenza, desde niña llevo viendo personas mayores jugando a la petanca, ¡incluso el día de Navidad! Solo en la Provenza hay quinientos setenta clubes en la Ligue Paca de Pétanque et de Jeu Provençal, que cuenta con cincuenta mil miembros que abarcan seis departamentos franceses. Yo empecé a practicar un poco esta actividad cuando era adolescente y todavía no me he aburrido de ella, aunque jamás la he jugado a diario como algunos vecinos de mi pueblo. Mucha gente juega los fines de semana, hasta en los jardines de Luxemburgo de París. También se juega en la ciudad de Nueva York, incluido el Washington Square Park, donde me gusta ver jugar a los equipos habituales.

Mientras escribo este pasaje, es agosto y se está rodando una película titulada *Les Boulistes* (*Los jugadores de petanca*, puesto que *boules* es una forma de llamar localmente a este juego) en mi departamento (el número trece, Bouches du Rhône) en el corazón de la Provenza. Entre el elenco figura Gérard Depardieu, y se están utilizando lugares de la zona como exteriores para mostrar la diversidad de las localidades y del paisaje provenzal.

En mi mundo de la Provenza se suele jugar a la petanca a última hora de la tarde, a la sombra de los plátanos o de las moreras, cerca del centro del pueblo, cuando el sol ya no es tan abrasador (aunque a menudo sigue pegando fuerte). El juego, con el clásico vaso de *pastis* (con o sin alcohol; yo me apunto a tomarlo sin alcohol para ver mejor la bola y tener más posibilidades de ganar), es una actividad ideal para antes de la cena. Puede jugarse en un espacio relativamente llano al aire libre, aunque la pista de los torneos oficiales, llamada *boulodrome*, es un rectángulo de por lo menos cuatro metros de anchura y quince metros de longitud. Nosotros nos construimos uno en casa. Me encanta ganar a mi marido, o si juego con él y un grupo, ganar al otro equipo, o a los otros equipos. Me entusiasmo. Además, jugar a la petanca no cuesta dinero (a no ser que te inscribas en un torneo). A estas alturas, habrás observado que a los franceses nos encanta todo lo que es gratis y lo que se puede hacer a cualquier hora, en cualquier sitio (o casi) y sin llevar ninguna prenda especial. Realmente somos individualistas.

A lo largo de los años hemos jugado muchas partidas con muchos equipos en nuestra casa de la Provenza y hemos reído mucho y pasado momentos muy felices, pero el más divertido de todos ocurrió el último verano, una noche que teníamos alrededor de treinta invitados procedentes de todo el mundo. Era la primera visita a la Provenza de mi mejor amiga japonesa, Sachiko, que sentía curiosidad por el juego, pero no se leyó la hoja de instrucciones que le habíamos dejado en su habitación.

Llegó con una blusa de Hermès y una falda ajustada con zapatos de Louboutin, y evidentemente no tenía ni la menor idea de qué iba el juego. Aunque, sin duda, estaba espectacular. Es una actitud fantástica, digna de admirar. No sé muy bien cómo pudo andar por la hierba y los guijarros antes de llegar al *boulodrome* cuando todos los hombres y unas cuantas mujeres estábamos a punto de empezar, y había unas cuantas mujeres mirando, sin saber aún si apuntarse a la partida. Pero llegó Sachiko y, como buena deportista, se ofreció a formar parte del primer equipo. Me habría gustado saber qué pensaba la mayoría de jugadores en aquel momento. Tras observar unos instantes, le llegó el turno y logró lanzar la bola sin incidentes, repitiendo el logro varias veces. En un momento decisivo de la partida, volvió a tocarle jugar a ella. Se situó como una profesional y, con todos los ojos fijos en ella (¡caramba!), apartó con su lanzamiento todas las bolas de los demás de modo que la suya fue la que quedó más cerca del boliche y ganó el punto. Bueno, por si no conoces el juego, te diré que este es un lanzamiento buenísimo. Al ver que todo el mundo gritaba de entusiasmo, Sachiko se percató enseguida de que había hecho algo especial. Sí, reímos y lo celebramos, sobre todo las mujeres, con estupendos cánticos franceses. Le llevó un rato entender lo que había conseguido y que su equipo había ganado gracias a ella. Este es uno de los mejores aspectos de la petanca: puede que no juegues mucho o que no seas un jugador excelente, pero aun así de vez en cuando llega alguien y obra un pequeño milagro.

Jugando a la petanca no quemarás las mismas calorías que

haciendo *footing*, nadando, montando en bicicleta o andando un rato, pero es muy divertido; como habría dicho Baudelaire: «*L'art pour l'art*» («El arte por el arte»). Y, en este caso, era jugar por jugar, además de pasar un rato fenomenal juntos y disfrutar de la cordialidad. Se practica al aire libre, es un hobby, provoca unas risas saludables y te da ocasión de pasar un rato agradable relacionándote y charlando con los demás, especialmente en los breves instantes que se pasan recogiendo las bolas, esperando a que alguien lance y a que empiece un nuevo punto. Además, hay gente que se comporta de forma curiosa mientras juega. (Yo tengo fama de ponerme muy tonta cuando consigo un buen lanzamiento o gano un punto o una partida, y por lo visto expreso mi alegría con unos ruiditos extraños que provocan risas generalizadas... Edward tiene la teoría de que lo hago para distraer a mis adversarios. Bueno, sí, forma parte del juego, por lo menos tal como yo lo entiendo.) Los sociólogos deberían estudiar el comportamiento humano en la pista. O puede que ya lo hayan hecho.

Hoy en día, los jóvenes están descubriendo cada vez más la petanca y disfrutando de ella, y la industria relacionada se ha lanzado inmediatamente a crear una versión moderna de la sencilla bola plateada de modo que se encuentran bolas con intensas rayas azules, verdes o de cualquier color llamativo. Actualmente está despertando mucho interés y su popularidad aumenta a pasos agigantados, con lo que se juega hasta en los rincones más remotos de Alsacia o Bretaña.

Sin duda, tener hobbies activos y sociales, con los muchos beneficios que conllevan, contribuye a «envejecer con actitud positiva».

Di, entonces: golf, bridge (ejercicio mental y social), tenis, petanca o... ¿Cuál es tu entretenimiento antienvejecimiento?

8

La fórmula nutricional antienvejecimiento sin dieta

Piensa en un bonito huerto. ¿Qué es lo que más necesita? ¿Tal vez agua y luz del sol? Con la edad, las mujeres pueden creer que necesitan tomar muchas vitaminas y suplementos para tener buena salud y buen aspecto. Pero antes de que te preocupes por los suplementos alimentarios, hablemos del agua y de la luz del sol. Con la edad tenemos que prestar especial atención a ambas cosas. Espejito, espejito, ¿estoy saliendo y gozando del sol todos los días en lugar de quedarme tras el cristal fotocromático de mi oficina o de la ventana de mi sala de estar?

¿Quieres vivir más y con más salud? Toma un poco el sol todos los días, de quince a treinta minutos, pongamos por caso. Para empezar, la luz del sol indica a las células de la piel que produzcan vitamina D, una vitamina o prohormona cuyos niveles suelen disminuir con la edad. Una lástima, porque tomar el sol es lo más asequible que existe para combatir problemas de la edad como la osteoporosis, y otros que se presentan a cualquier edad, como la cardiopatía, la depresión o la diabetes.

¿Sabías que en estudios recientes se ha demostrado que el envejecimiento de nuestros ojos repercute en nuestro sueño y nuestro estado de ánimo? La luz —o en este caso la falta de ella— estimula la producción de melatonina, entre cuyos efectos benéficos se cuenta la capacidad de relajarnos y prepararnos para dormir. La serotonina, una hormona que se segrega gracias al estímulo luminoso, nos ayuda a levantarnos por las mañanas llenos de energía, vitalidad y alegría de vivir (lo último es de mi cosecha, y dudo que haya aparecido en ninguna revista científica de referencia).

Levántate y espabila, que ya es de día: diversos estudios han demostrado que la luz brillante interrumpe la producción de melatonina, de modo que cuando nuestros ojos envejecen y absorben menos luz, en concreto la longitud de onda de la luz azul (¡uy!), nos falta ese estímulo que nos lleva a levantarnos de la cama despiertos y de buen humor. Según un estudio, el estímulo que recibimos de la luz durante la juventud se reduce al cincuenta por ciento al llegar a los cuarenta y cinco años y a tan solo el diecisiete por ciento al alcanzar los setenta y cinco. ¡Vaya! Enciende las luces, pues. Pero ten en cuenta que la luz artificial no tiene ni punto de comparación con el sol, mucho más efectivo a la hora de levantarnos el ánimo, hacernos sentir bien, proporcionarnos energía y desencadenar las reacciones saludables de nuestro organismo tras milenios de evolución.

¿Es posible que los franceses vivan más tiempo porque todavía no pertenecen a una cultura del automóvil como Estados Unidos y todas las mañanas les da la luz del día cuando salen a comprar el pan? Bueno, la cuestión es que muchos de mis compatriotas conservan esta antigua costumbre. La luz del día es tan importante para los patrones del sueño, el estado de ánimo y la salud física como el agua para la vida. Pero ¿quién cae en eso en esta vida estresante y llena de ocupaciones de interior todo el año? La relación entre falta de luz y depresión está completamente demostrada. ¿Y quién quiere estar deprimido?

No hay duda de que cuando envejecemos (o cuando ascendemos en el mundo empresarial y trabajamos muchas horas al día) solemos desatender una de las necesidades más básicas: salir y exponerse a la luz del sol. Y con la edad, tendemos a vivir más en espacios cerrados, donde la luz artificial es mil o miles de veces más tenue que la natural, de forma que ponemos en peligro nuestra salud y nuestra felicidad. Así pues, deberíamos adoptar una actitud y una rutina que dijeran: «Voy a salir a gozar de la luz del sol todos los días.» Relaciona esa salida con una caminata, y con un vaso de agua antes y después de ella, y tendrás una fórmula excelente para el bienestar.

El agua es, sin lugar a dudas, la fórmula antienvejecimiento más accesible. Y con la edad corremos el riesgo de deshidratarnos si no nos «recetamos» cantidades suficientes y regulares de agua. El agua es una «medicina», pero no es fácil sufrir una sobredosis de ella; en casos extremos puede ocurrir, pero la naturaleza tiene sus propios medios para compensar un exceso, si se produce.

Los beneficios del agua son evidentes. Los cien billones de células de nuestro organismo (célula arriba, célula abajo) están compuestas principalmente de agua, con independencia de cuál sea nuestra talla, complexión, sexo o edad. Es nuestro elemento básico. El agua transmite nutrientes esenciales a todos los órganos del cuerpo; mantiene la temperatura corporal; elimina los residuos y toxinas del organismo, y conserva el equilibrio de la humedad natural de la piel, manteniéndola elástica y suave (¿qué te parece como crema de belleza antiedad económica?).

Por alguna razón, la gente tiende a no beber suficiente agua cuando envejece, y el centro cerebral que nos alerta de la sed parece no funcionar tan bien como cuando éramos jóvenes. Pero también creamos barreras artificiales, como la preocupación de que tendremos que ir mucho al cuarto de baño. No seamos presumidos ni tontos. Nuestras vejigas pueden adaptarse y entrenarse para manejar la cantidad suficiente de agua consumida a intervalos regulares. Y total, por una o dos visitas más al WC, como lo llamamos en Francia... ¡Dios mío! Si necesitas otra motivación más, piensa que el cerebro posee una de las concentraciones más elevadas de agua del cuerpo: un ochenta y cinco por ciento. Y si se nos deshidrata el cerebro (algo que todos hemos observado en los ancianos), nos sentimos confusos y desorientados.

Pero ¿cuánta agua es necesaria? ¿Cuál es la «dosis» adecuada? Como regla general hay que beber ocho vasos al día, es decir, aproximadamente dos litros, lo que coincide con las recomendaciones para las mujeres de la Clínica Mayo y del Instituto de Medicina de Estados Unidos. Como ya he mencionado, siempre tomo un vaso de agua antes de acostarme y otro en cuanto me levanto, en ayunas. Por supuesto, bebo un poco de agua a última hora de la mañana y de la tarde, y antes de cenar, en parte para no caer en la trampa de picar algo o de excederme comiendo, ya que es posible confundir la sensación de sed con la de hambre. Pero no todas tenemos el mismo físico ni las mismas rutinas diarias. Sé lo que estás pensando otra vez... las visitas al WC, especialmente por la noche. Katie Couric me preguntó eso por televisión cuando presentaba el programa *Today Show*. Como le dije a ella, te sorprendería lo mucho que puedes entrenar los músculos y expandir y acostumbrar la vejiga. Es cuestión de condicionamiento, y después, de rutina. No es ningún problema para la mayoría de personas. Te acostumbras a ello.

Unas cuantas advertencias: un cuerpo más corpulento requiere una dosis mayor, pero el ochenta por ciento del agua que ingieras diariamente tiene que proceder de agua pura (con o, preferentemente, sin gas). El café y el alcohol no solo no cuentan, sino que como son diuréticos, exigen aumentar la dosis. Lo mismo que el ejercicio físico. Si haces ejercicio media hora y sudas, bebe después un vaso adicional, que equivale a un cuarto de litro. ¿Te hacen un masaje de una hora? Añade otro cuarto de litro. ¿Y un viaje largo en avión?

Dobla la cantidad. En resumen, presta atención a las necesidades de tu cuerpo.

Otra forma de calcular la dosis adecuada consiste en dividir los kilos de peso por treinta y así obtendrás los litros necesarios. Pero una vez más, calcúlalo aproximadamente y utiliza el sentido común. Si hace mucho calor y el ambiente está seco, y además sudas, aumenta la dosis. Hazlo también si tienes calambres musculares.

El agua es vital para nuestro organismo, puesto que elimina diariamente toxinas y residuos. Si tu orina no es muy pálida, significa que no estás bebiendo suficiente agua. Permíteme que haga aquí publicidad sobre el fin de semana de eliminación de toxinas con puerros que describí en *Las francesas no engordan* para empezar a perder kilos y eliminar los subproductos naturales y artificiales que suelen acumularse en nuestro organismo en el siglo XXI. Te sentará bien. Cómete los puerros para almorzar y bébete el caldo. Tal como comentaba en aquel libro, puedes realizar esta dieta de desintoxicación durante veinticuatro o cuarenta y ocho horas. En una ocasión leí sobre una dieta de eliminación de toxinas al estilo de Hollywood que duraba entre dos y tres semanas, basándose en la teoría de que lo bueno nunca es excesivo. En mi opinión, podría ser el preludio de un desequilibrio nutricional.

El agua elimina los excesos y los residuos diarios, lo que es fundamental para una buena salud. Es decir, en un sentido amplio, elimina toxinas. Norma número uno, una vez más: bebe diariamente el agua necesaria. Es aconsejable propiciar la eliminación de toxinas periódicamente usando un alimento diurético, como un caldo de puerros, para limpiarse y reequilibrarse. Se ha demostrado que es eficaz, y no cabe duda de que en la actualidad nuestro cuerpo almacena más sustancias artificiales y otras toxinas que nunca.

AMPLIACIÓN DE LA FÓRMULA ANTIENVEJECIMIENTO: LA PALETA DEL PINTOR

De acuerdo, el sol y el agua son dos de los ingredientes de la receta antienvejecimiento sin dieta. Añade a ello la práctica moderada, pero regular, de ejercicio físico (tal como se ha visto en el capítulo anterior) y suma ahora a la fórmula una buena nutrición con las raciones adecuadas. Si superas los cuarenta años y no sigues un buen patrón... atención: ¡Ha llegado la hora de hacer un cambio por tu propio bien!

Espejito, espejito, ¿cuántos colores como al día? ¿Colores? Sí. Si ingieres sistemáticamente comidas monocromáticas, especialmente de tonos marrones, es probable que estés privando a tu organismo de nutrientes esenciales. Pensar en los colores es un truco fácil, por lo menos para mí, para lograr una dieta equilibrada.

Mi regla personal consiste en lograr que haya tres colores en cada plato y un mínimo de cinco colores al día. ¿Qué te parece esta fórmula?

Piensa en la fruta y la verdura, en el pescado y las carnes rojas y blancas. Piensa en los hidratos de carbono, las proteínas y las grasas. Piensa en el agua y el vino, en el té y el café. Piensa en el chocolate. Piensa en las texturas, desde la sopa, tal vez con picatostes, o el helado, tal vez con frutos secos, hasta los cereales, el pescado o la carne roja. Piensa en la variedad y en una dieta que no sea aburrida, en la que no se limite nada, sino en la que todo se estimule con moderación. Un mínimo de tres colores en cada plato y cinco colores al día en general garantiza una buena variedad de nutrientes, fibra y un porcentaje saludable de hidratos de carbono, proteínas y grasas.

En un mundo en el que demasiada gente ingiere una cantidad insuficiente de frutas y verduras, los batidos facilitan que algunas personas añadan (y beban) colores a su dieta, como el verde, el naranja o el rojo, por ejemplo, así como nutrientes equilibrados. Las licuadoras y los establecimientos de zumos son un fenómeno relativamente reciente que está en expansión en Estados Unidos. Evidentemente, comer las frutas y las verduras como tales es la mejor forma natural de consumir una cantidad, o una mayor cantidad, de nutrientes fundamentales.

Muchos organismos gubernamentales y sanitarios publican los componentes de que debería constar una dieta. Entre sus recomendaciones figura la «pirámide nutricional», un esquema del que fácilmente habrá veinticinco versiones, todas ellas elaboradas por organizaciones respetadas. Puede que las dos más conocidas sean la de la Organización Mundial de la Salud (OMS) y la del Departamento de Agricultura de Estados Unidos (USDA), pero no hay dos totalmente iguales, y todas se basan en la dieta actual y en los resultados de las investigaciones médicas.

La pirámide nutricional del USDA data de 1992, aunque fue considerablemente revisada en 2005. Después, en 2011, se cambió por un esquema en forma de círculo con una mitad llena de frutas y verduras, y la otra mitad, de granos y proteínas, de modo que las verduras y los granos dominan sus respectivas mitades.

Prácticamente todas las guías se concentran en estos grupos de alimentos: verduras, frutas (incluidos los frutos secos), aceites, productos lácteos, y carnes y legumbres.

Pero para dar al pescado el lugar que le corresponde, lo mejor es basarse en los porcentajes de una dieta diaria equilibrada de la OMS, que se reparten del siguiente modo: entre un 10% y un 15% de proteínas; entre un 15% y un 30% de grasas (la mayoría de las buenas), y entre un 55% y un 75% de hidratos de carbono. Para mí, en la posmenopausia, creo que la proporción 30, 20, 50 (proteínas, grasas, hidratos de carbono) se acerca más al objetivo, pero no para una comida o un día, sino más bien para un periodo de dos días.

No resulta tan sencillo seguir una fórmula nutricional o mantener el equilibrio; si lo fuera, no me haría falta escribir esta frase. La gente no siempre comprende las diferencias, y nuestro organismo no procesa algunos alimentos del mismo modo, ni lo hace igual a diferentes horas del día. Recordemos que la edad modifica nuestras necesidades nutricionales, las funciones digestivas y el metabolismo, por lo que los porcentajes y las fórmulas no siempre son los exactamente adecuados, y lo que funciona en una etapa no siempre es aplicable a la siguiente. Lo importante es respetar unas guías básicas e ir haciéndoles retoques. A los franceses no les gusta demasiado contar calorías, pero prestan mucha atención a los nutrientes y a su calidad, de forma que consumen más frutas y verduras que, por ejemplo, los estadounidenses. Yo también. Y, naturalmente, consumen pan a diario. Por lo menos, durante el año 2012 lo hizo un ochenta y cinco por ciento de franceses, de modo que el pan fue una fuente importante de los hidratos de carbono complejos y de la fibra que ingirieron.

En mi opinión, es evidente que hay que comer con la cabeza. Desayuna, haz tres comidas al día, o cuatro menos abundantes si quieres, pero la clave reside en que cada comida debe incluir hidratos de carbono, proteínas y grasas. Siempre. Si tienes que tomar un tentempié, elige un yogur con unos trozos de fruta, o una loncha de queso con una galleta salada integral.

Pasados los cuarenta y cinco, restringe la ingesta de carne, reduce las raciones y elige la calidad por encima de la cantidad. Los caprichos o la comida basura que consumimos cuando estamos creciendo resulta muy perjudicial pasados los treinta, así que reserva las patatas chip, los cupcakes y este tipo de cosas para alguna ocasión especial. Haz lo mismo con el vino: con una copa al día obtendrás todos sus beneficios.

Fíjate en el tamaño de las raciones. Calcúlalas del tamaño de tu puño, que es lo que solemos hacer en Francia.

DANOS EL PAN NUESTRO DE CADA DÍA DE VEZ EN CUANDO

Un filósofo sibarita francés del siglo XIX llamado Brillat Savarin fue el primero en decir: «Somos lo que comemos.» Y con la edad eso es cada vez más cierto.

Espejito, espejito, ¿como tres veces al día? ¿Me salto una comida y me doy un atracón en otra? ¿Sé qué me estoy metiendo en el cuerpo? ¿Pico algo entre comidas? ¿Como aunque no tenga apetito? ¿Son mis comidas equilibradas y nutritivas? ¿Cometo «agresiones» (me excedo en algunos alimentos o ingiero alimentos que no me convienen)? ¿Es adecuado lo que como para mi edad y mi estilo de vida?

A medida que sumo años, sé que cuanto más aprendo, más sé lo mucho que desconozco. Soy consciente de que la mayoría de nosotros tardamos toda una vida en crear una base de datos adecuada y un monitor mental en lo que a comer saludable y placenteramente se refiere. Lo ideal sería empezar a aprender pronto con una madre estupenda que sepa de comida, de nutrición, de cocina y de los efectos de una mala alimentación, incluida la comida basura, el exceso de azúcar y de sal procedentes de los alimentos procesados (y de toda la comida precocinada), así como las excesivas visitas a restaurantes. Mi amiga parisina Guillemette está intentando ser una madre así para su hijita, que no ingiere alimentos procesados y empezó a aprender a cocinar con tres añitos de edad. Pero como no todos tenemos esa suerte, hemos de usar la cabeza.

Los restaurantes, tanto si son cadenas de comida rápida

como si son sofisticados, se sitúan en el límite de lo peligroso. Los chefs no son expertos en alimentación equilibrada o en nutrición y son famosos por su tendencia a abusar de la sal y del azúcar, incluso cuando utilizan ingredientes de calidad. Es así. Parecería lógico que tuviera que ser obligatorio enseñar un régimen preventivo en las asignaturas de salud y nutrición de las escuelas de cocina y las facultades de medicina. Francia se está dando cuenta rápidamente de ello.

Tuve que retroceder a mi infancia para recordar por qué no me gusta picar (además de la sencilla razón de que cuando como tres veces al día, no me hacen falta). Efectivamente, fue mi madre quien, sutilmente, nos enseñó a mi hermano y a mí a evitarlo. Decía algo como: «Acabáis de almorzar», «Enseguida vamos a cenar» o «Bebed un vaso de agua» para que dejáramos de incordiar. Funcionaba. Aunque los franceses no contemplan los tentempiés, a veces toman una cuarta comida, mucho más reducida, por la tarde: la merienda, o *goûter*. Los niños disfrutábamos de este bocado después de un buen rato en bicicleta o de alguna actividad. No era un momento diario para tomar leche con galletas ni el típico té de la tarde británico, sino un esporádico reconstituyente nutricional, que solo vi tomar a mis padres en vacaciones o los fines de semana que teníamos visitas.

El desayuno debería ser la comida más importante del día a cualquier edad. En cuanto la gente descubre por qué tiene que desayunar y los problemas que pueden presentarse después para compensar no haberlo hecho, el cambio es fácil. En casa, mamá nos preparaba un sencillo desayuno antes de que nos levantáramos (iba a comprar pan del día o lo horneaba los fines de semana) y no nos lo tomábamos apresuradamente, a pesar de que tanto ella como mi padre trabajaban fuera de casa. Nos sentábamos a comer el desayuno típico francés de aquella época, que tal vez no fuera el mejor nutricionalmente hablando, pero que incluía hidratos de carbono, proteínas y grasas: una tostada untada con mantequilla, un poco de jamón, y café con leche. Mis padres desayunaban lo mismo con una o dos tostadas más. Eso era todo durante la semana, pero por aquel entonces, los niños tomábamos un vaso de leche a media mañana en el colegio para aguantar hasta el almuerzo, la principal comida del día.

Mi desayuno cambió mucho cuando empecé a trabajar en América. En primer lugar, necesitaba un aporte de energía prolongada, pero también descubrí todo tipo de buenas opciones para el desayuno, incluidos los huevos, que jamás había tomado para empezar el día en Francia. Después leí y aprendí sobre todas las opciones. A los treinta introduje algunos cambios importantes en la forma en que me alimentaba, y la perfeccioné de nuevo a los cuarenta, cincuenta y sesenta.

Así, sustituí el bol diario de cereales de los treinta por un desayuno variado: básicamente yogur los lunes, huevos los martes, una tostada de pan integral con queso y medio pomelo los miércoles, copos de avena los jueves, etcétera. La variedad era fundamental. Últimamente, he introducido algunos cambios más, y saboreo mi desayuno mágico (yogur con aceite de linaza, zumo de limón, miel y cereales integrales molidos sin azúcar con nueces, tal como detallaba en *Las mujeres francesas no compran libros de cocina para gordas*) cada dos días por lo menos y, por supuesto, todas las mañanas que tengo una reunión, conferencia, clase de yoga o cualquier otra cosa además de mi sesión de escritura, y sé que no almorzaré a una hora regular. Todavía estoy aprendiendo a comer despacio y a respirar hondo entre bocados, lo que supone un reto constante, lo mismo que aceptar simplemente y poco a poco mis límites y adaptarme a ellos.

No te saltes una comida, porque con ello corres el riesgo de carecer de vitaminas y minerales. Si realmente no tienes tiempo para almorzar o quieres reducir tu ingesta total de alimentos, toma algo con proteínas y un mínimo de hidratos de carbono y grasas, como un yogur. ¿Y qué tal una sopa, generalmente fuente de muchas cosas buenas, incluida la fibra? Mi tía (Tante Berthe) solía decir que una sopa calentita da la impresión de recubrir de terciopelo el estómago.

Cuando abordamos las comidas de las vacaciones, tenemos que ir con más cuidado para saber cuándo tenemos hambre realmente, y estar atentos a la sensación de saciedad. El riesgo consiste en perder el control y comer mucho más de lo normal, lo que desregula el organismo. Evita los dos kilitos ganados al final de las vacaciones anuales. Date caprichos, pero come con la cabeza y compénsalo unos cuantos días. Una vez más, antepón el placer; si algo suena demasiado bien o tiene una pinta demasiado buena como para resistirte, adelante, inspira hondo y olvida la culpa o la ansiedad, pero sé consciente de tus sensaciones de hambre y de saciedad. No tienes que comer en exceso para disfrutar. A veces, unos cuantos bocados bastan para satisfacer tu apetito mental y físico. Añadir el factor del placer y no negarte cosas, aunque practicando la moderación y el equilibrio, es una forma segura de perder peso o de, por lo menos, no ganarlo. Para motivarte, imagina que empiezas el año nuevo con tu peso normal o menos. Cuando tengas momentos de duda sobre si debes comer o no, trata de beber grandes vasos de agua con gas sin demasiada sal (por fortuna, marcas importantes como San Pellegrino y Perrier no contienen nada de sal, aunque sí algo de calcio)... y hazlo despacio.

TRES KILOS, TRES KILOS: ALERTA ROJA

Cuando residí en las afueras de Boston como parte de un intercambio escolar, descubrí los musicales de Broadway. Recuerdo concretamente un espectáculo satírico inspirado en Elvis Presley: *Bye Bye Birdie*. Hay una canción, «What Did I Ever See in Him?» («¿Qué vería yo en él?») que empieza recitando lentamente y con tristeza las palabras *Eight Years... eight years* («Ocho años... ocho años») Todavía las oigo mentalmente, solo que transformadas en *Tres kilos... tres kilos*. Es un aviso. A menudo se culpa a la menopausia de esos dos, o cinco, kilos.

Por lo general las mujeres ganan entre dos y siete kilos entre los cuarenta y los cincuenta y cinco años. No sucede de la noche a la mañana, claro, sino gradualmente, aunque si se da el caso de que engordes tres kilos durante las vacaciones y no los pierdas después, eso puede acelerar el proceso. Y es fácil decir que se come chocolate, patatas chip o un tentempié por la tarde por culpa de las emociones desbocadas y del sueño perdido (debido a los sofocos) durante la menopausia. Se ha demostrado que el sobrepeso guarda una estrecha relación con una mala salud y una menor esperanza de vida. De modo que hay que adaptar los alimentos adecuados y el equilibrio al estilo de vida para vivir más sano y más tiempo.

Muchísimas mujeres desoyen el «aviso de los tres kilos». En ese punto es fundamental reaccionar y emprender las siguientes acciones: las dos o tres semanas siguientes, reduce el azúcar y las grasas de las dos comidas principales, ingiere alimentos más magros que de costumbre, con verduras y dos frutas al día, y trata de hacerlo sin vino durante los días laborables y con solo una copa el fin de semana. Es una forma de volver a la normalidad con una privación poco importante y sin tensión. Si después de esos tres kilos de más no tomas cartas en el asunto, seguirás ganando peso, te lo aseguro; y cada vez te costará más tiempo y esfuerzo rectificar, de modo que no permitas que los dígitos de la balanza sigan subiendo. Como me dijo mi amiga parisina Céline: «Pasados los cincuenta, ¡basta con mirar el escaparate de una pastelería para ganar medio kilo o incluso un kilo entero!»

Sé exactamente a qué se refiere, y creo que es verdad en todo el mundo.

En mi caso, es lo que ocurría cuando visitaba a mi familia en el este de Francia, cuando era estudiante o trabajaba en París. Durante mi estancia, mi madre intentaba prepararme todos los platos que me gustaban (¡una especie de equipo de supervivencia!) y hablaba de los que no me cocinaba. O, más adelante, tras largos periodos de viaje con demasiado entretenimiento y comidas en hoteles, también me excedía. Cuando se dan estas circunstancias, me preparo mi desayuno mágico cinco días de esa semana, y tomo pescado o carne, dos verduras y una pieza de fruta para almorzar y cenar. Eliminar el pan, el vino y los dulces durante gran parte de la semana no supone ninguna tensión, ya que obtengo los hidratos de carbono de la miel del desayuno y de la fruta del almuerzo y la cena. Eso es todo. (Bueno, casi; también me tomo una o dos onzas de chocolate negro una o dos veces a la semana como recompensa y para calmar mis antojos. Si las paladeas a conciencia, es fácil detenerte al acabar la segunda.)

Mi otro truco para adelgazar es «comer como un bebé». Mi receta favorita consiste en cocer verduras, por ejemplo, zanahorias: en un cazo pequeño, calienta media cucharadita de mantequilla hasta fundirla, añade después 200 g de zanahorias cortadas en rodajas y cúbrelas con agua. Cuece hasta que estén blandas y tritúralas, añade unas cucharadas de zumo de naranja recién exprimido, sazona a tu gusto y añade dos tazas de agua. Lleva a ebullición y añade 50 g de quinoa junto con media cucharadita de alguna especia, como curry o cúrcuma. Cuece 15 minutos, hasta que la quinoa esté blanda. Espolvorea con tu hierba favorita (en mi caso, perejil). La verdura contiene menos calorías por ración, y este plato te llenará. Para mí es el almuerzo perfecto si voy a cenar fuera por la noche, y también me gusta tomarlo para cenar cuando el almuerzo es el plato principal del día. Puedes intentar prepararlo con calabaza, coliflor o cualquier verdura que te guste. A mí me gustan los colores: el rojo y el verde son fantásticos. Una cucharadita de frutos secos picados le añade textura y nutrientes.

Lo principal es que no tendrás hambre. Las ilusiones funcionan. Puedes tomarlas cuanto quieras, sin restricción.

Otro truco consiste en utilizar lo que llamamos *anti-gonflette* (antihinchazón), ya que a muchas mujeres tienen michelines, no como las panzas de los hombres, pero igual de poco atractivas. Para una francesa, *gonflée* es esa situación nada agradable de acumular grasa irregularmente en la zona de la cintura, con la consiguiente sensación de perder esbeltez, que impide el uso de cinturones, uno de nuestros complementos preferidos, porque tienes toda la zona del vientre como si estuvieras embarazada de cinco meses... o como si tuvieras varios neumáticos entre los pechos y la parte inferior del abdomen. ¿Hace falta decir más? No es nada seductor. A pesar de todas las excusas (¡como la edad!), la cuestión es que ganar peso está directamente relacionado con lo que comemos, y comer en exceso suele deberse al estrés, que además ralentiza el tránsito intestinal. Con el estrés se libera cortisol, la hormona que estimula la insulina, lo que a su vez favorece la acumulación de grasas. Además, cuando estamos estresados, comemos más deprisa y sin masticar lo suficiente, de modo que ingerimos grandes bocados a la vez que tragamos aire.

A los cincuenta o sesenta en algunos casos podemos reducir el estrés en el trabajo (siempre y cuando la economía lo permita), pero sigue habiendo un montón de situaciones adversas que intervienen. Entre las más importantes destaca la pérdida de un cónyuge, amigo o padre; una enfermedad, o un traslado a otra casa, zona o país. Estar estresado no propicia la introducción de cambios, incluido qué y cómo comemos. Pero en lugar de reaccionar al estrés excediéndote comiendo, oblígate a recurrir a otros alivios rápidos y divertidos. Ya conoces los más habituales: tal vez mimarte con un buen corte de pelo o un masaje, comprarte un par de zapatos o ropa, ver una película con amigos, o cualquier cosa que te guste. Pero a la hora de comer, empieza introduciendo cambios poco a poco y trata de convertir los lunes en el día que pasas página: come ligero (lo que no significa ingerir alimentos «bajos en calorías», que pueden contener ingredientes artificiales y químicos, algo que no apruebo), prescinde del pan y toma algún pescado a la parrilla con verduras al vapor. Puedes facilitarte el esfuerzo aderezando estos alimentos con un chorrito de aceite de oliva y de limón, y espolvoreándoles muchas hierbas frescas, lo que compensará fácilmente cualquier otra forma de cocinar con más grasas. Disfruta de la fruta cortándola y comiéndotela despacio. Si esto supone un gran sacrificio, no es una buena solución, pero vale la pena intentarlo, ya que a mi entender te pone en contacto con el sabor de la auténtica comida y te permite concentrarte en el momento y relajarte. Esto es, en mi opinión, una comida meditativa. Y ya has oído antes este consejo: aléjate del escritorio o del ordenador para comer. El ordenador, las frutas y las ensaladas no combinan bien; algo que mucha gente no ha aprendido. Muy poco francés. También me desconcierta ver a alguien hablando por teléfono mientras come. No se puede decir que lo disfrute demasiado.

Lo que aconsejo es controlar dos tipos de proporciones: la ración que te sirves en el plato y el tamaño y la forma de tu cuerpo. Tienes una cantidad razonable de control sobre ambas cosas. Y ejercer ese control añade años buenos a tu vida.

Estoy completamente en contra de las dietas relámpago de moda que los franceses denominan *régime express*, porque en mi opinión conllevan muchos aspectos negativos... salvo, tal vez, la pérdida rápida de peso, aunque no dura mucho tiempo. Está comprobado que entre el ochenta y el ochenta y cinco por ciento de las mujeres que siguen estas dietas recuperan más peso del perdido en cinco años. (Puede parecer mucho tiempo, pero no se gana todo el cuarto año. El peso que se recupera se acumula, y en muchos casos, a los doce meses ya se ha recuperado todo lo previamente perdido.) Peor aún, el desequilibrio nutricional es terrible y provoca daños tanto en el cuerpo como en la moral. Pasados los cincuenta, hay que ir despacio para evitar la pérdida de masa muscular y una desmineralización ósea. Las dietas relámpago y desequilibradas pueden privar a nuestros huesos y músculos de los nutrientes que necesitan para mantener la salud del organismo. Utiliza el sentido común. Una de las razones principales por las que las francesas (y algunas italianas) no engordan es porque son buenas *gourmets* y les encanta cocinar, dos ventajas importantísimas a la hora de perder peso y conservar la buena forma física. No es casualidad que la gastronomía francesa haya sido catalogada Patrimonio de la Humanidad por la Unesco.

Las dietas son adictivas. La mayoría de mujeres no tiene en cuenta de que la primera dieta conduce a más dietas, y que al final este camino conduce a una adicción en el sentido de que siempre estás a dieta (¡qué aburrido!) o siguiendo periódicamente un plan para perder peso. Las mujeres incorporan una vocecita que las hace sentir culpables cuando comen, por lo que no obtienen placer de los alimentos durante las comidas. Como quien empieza a consumir tabaco, alcohol, o drogas, la mayoría de las mujeres que empiezan a hacer dieta jamás dejan de hacerlo. Su vida es una serie de periodos desdichados que varían entre privarse de comer (durante la dieta) y comer en exceso (cuando no están a dieta y se dan atracones para compensar), lo que va destruyendo lenta pero inexorablemente su preciado metabolismo. No tendrías que sentirte culpable por disfrutar de la comida, uno de los placeres de la vida. La única dieta sin dieta es el estilo de vida.

Las dietas no se limitan a ardides como ingerir solo pomelo, o consumir solo proteínas o ningún hidrato de carbono, o las mil variaciones sobre el mismo tema que aparecen en los programas de televisión y los medios de comunicación en general y que llevan a un sinfín de mujeres a intentar una forma más de perder peso deprisa sin tener en cuenta la edad. Las dietas incluyen a veces batidos en polvo, comidas preparadas y/o productos vinculados a ellas que te obligan a gastar más y te llevan a creer que estás comiendo bien. A menudo, te incitan a sustituir la comida por el tentador producto que ofrecen, algunas veces mucho peor que la mayoría de los alimentos que más engordan que consumirías normalmente.

Hoy en día, aunque puedas disponer de un médico, autor o entrenador personal en internet para ayudarte a perder esos kilos de más, el mito y las mentiras continúan. En esos casos te limitas a seguir el programa de una dieta estandarizada, aunque esté sutilmente presentada para que parezca que es «individualizada», y te contestan las preguntas a cambio de una cuota desde una oficina de supuestos profesionales, a los que jamás has visto y que te proporcionan unas cuantas respuestas básicas que seguramente podrías encontrar en cualquier parte. Dicho esto, los conocimientos son importantes, y podemos acudir a un entrenador personal que conozcamos y en el que confiemos o a un compañero que nos anime, aconseje, nos acompañe y nos ayude a concentrarnos en el camino que nos conduzca a comer bien y con placer.

El problema de las llamadas dietas populares es:

1. No funcionan.
2. El peso se pierde demasiado deprisa (este es, de hecho, el gancho para que las empieces), porque «deprisa» es la palabra clave. Tu cuerpo jamás lo aceptará y se vengará haciéndotelo pagar muy caro, ya sea ansiando comer y recuperando rápidamente el peso perdido o deteriorando tu organismo debido a la falta de nutrientes esenciales. El resultado, en ambos casos, es que acabas sintiéndote fatal.

3. Tardarás un tiempo en darte cuenta de la destrucción que las dietas provocan en tu metabolismo (compáralo con un automóvil al que en lugar de poner aceite, pusieras agua). Los patrones del sueño pueden verse afectados, y el pulso y la tensión arterial también pueden resultar perjudicados. La falta de ciertos nutrientes esenciales puede repercutir en el rendimiento de varios órganos fundamentales.

4. Y según el tipo y la frecuencia de las dietas, puedes ponerte realmente enferma y tener toda clase de problemas, incluso cerebrales. También pueden producir anemia, problemas con los órganos digestivos, infecciones, fatiga y hasta determinados cánceres u otras enfermedades graves que se contraen con mayor facilidad si el sistema inmunitario se encuentra débil.

5. Las dietas son adictivas y te hacen perder valores alimentarios básicos, como disfrutar de las comidas y compartirlas con los demás, factores ambos que contribuyen a la salud del cuerpo y la mente.

6. Las dietas suelen ser «iguales para todos» (por favor, no te creas a quienes aseguran que son muy «individualizadas», porque no lo son), y puede que este sea el principal error, ya que cada una de nosotras es genética, física y psicológicamente diferente, por no hablar de otros aspectos básicos relativos al estilo de vida, como el lugar de residencia, la profesión, los hábitos alimentarios, el estado emocional, el carácter y todo lo que abarca el concepto de sentirse bien en tu propia piel.

Las mujeres son víctimas propicias del trauma de las dietas, ya que nuestra cultura les exige un cuerpo de sirena... y muchas prestan atención a la patraña y la promesa del camino más rápido y más fácil.

Evidentemente, muchas podemos comer lo que queramos durante la adolescencia, entre los veinte y los treinta y hasta rondar los cuarenta, si tenemos suerte. Después, llega el momento en que debemos enfrentarnos a un metabolismo que envejece y que ya no reacciona igual que antes a las toxinas y los excesos a que lo sometemos: nuestro organismo empieza a pedir un respiro a gritos (léase un estilo de vida saludable).

MARIE-LAURE

Mi amiga Marie-Laure nunca fue la típica francesa que no engorda: ha seguido una u otra dieta desde que se acercaba a los treinta, cuando se casó y ganó cinco kilos en los primeros doce meses. A lo largo de los años, y a medida que aumentaba de peso, ha fluctuado entre perderlo todo (durante unos meses), para recuperarlo después (durante la mayor parte del año). A los cincuenta y cuatro años, llegó a un punto álgido ininterrumpido (la menopausia y un par de retos personales no la favorecieron), con un aumento de peso de algo más de quince kilos en menos de tres años (podríamos decir que estaba alcanzando la obesidad, al límite del sobrepeso, a pesar de lo alta que es). Probó una dieta más, en esta ocasión la de un famoso médico francés que ha estado de ultimísima moda unos cuantos años (una dieta dirigida básicamente a los franceses que engordan), y en su caso resultó ser la última dieta fracasada y la última señal que le dio el cuerpo antes de que fuera demasiado tarde.

Es verdad que perdió prácticamente dieciséis kilos, no solo haciendo la dieta estipulada sino comprando religiosamente los productos aconsejados. Pero en menos de un año recuperó todo el peso perdido y más. Desesperada, fue a un balneario, o *spa* médico, donde, después de examinarla, el médico, preocupado, le preguntó cuánto había perdido en su última dieta. «Dos mil doscientos euros», respondió ella. El médico no pudo evitar echarse a reír y acto seguido comentó a mi disgustada amiga: «En realidad, es para echarse a llorar.»

La buena noticia es que el último gran fracaso con una dieta de Marie-Laure supuso un revulsivo para ella, que cambió de estilo de vida para adoptar el que siguen muchas francesas, basado en el sentido común; en su caso, con la ayuda de dos estancias en el *spa* y un programa verdaderamente individualizado supervisado por un médico y un nutricionista. Dejó de hacer dieta y abordó la comida a partir de un nuevo estilo de vida. Si necesitas ayuda como Marie-Laure y te lo puedes permitir, consíguela. Marie-Laure tardó dos años en recuperar su peso normal, y sigue procurando mantenerlo. Ahora, cerca de los sesenta, afirma que nunca se ha sentido mejor, cocina por lo menos cinco días a la semana y ha añadido la marcha nórdica y la danza a su rutina de movimiento, con unos resultados notables. A juzgar por su aspecto, parece pesar menos de lo que en realidad pesa: ha desarrollado una buena musculatura, está llena de energía y se siente feliz. Para aceptar lo que sentía con respecto a la comida tuvo que dedicarse a escribir lo que comía y sus sentimientos sobre lo que comía. Jamás había estado tan atractiva y seductora, ni había esperado con ilusión vivir momentos felices. Vemos, pues, una trilogía: comida, movimiento, conocerse a sí mismo. Estos tres elementos son importantes en mi vida, y también en la vida de las francesas que no engordan (y que puede que no quieran o no necesiten liftings).

Marie-Laure afirma que lamenta mucho una cosa: no haber cambiado la forma en que abordaba la comida antes, por ejemplo, a los cuarenta (una buena edad para empezar o volver a empezar), en lugar de seguir probando durante años dietas rápidas para perder peso. Prevenir es siempre positivo. A estas alturas, todas sabemos a qué vamos a enfrentarnos, más o menos, en la menopausia. Por eso, si me preguntas si te iría bien sentarte a los cuarenta a evaluar tus hábitos alimentarios, te respondería que sí con mayúsculas. Aprender a cocinar, o perfeccionar tus aptitudes culinarias, y empezar a comer raciones más reducidas son cuestiones naturales y lógicas que puedes hacer antes de que tu cuerpo te dé la gran señal en forma de una talla más de ropa.

RECORRIENDO ALEGREMENTE
LAS DÉCADAS

Al parecer, uno de los mayores autoengaños de las mujeres consiste en creer que podemos seguir comiendo toda la vida como cuando éramos jóvenes. La verdad es simple pero innegociable: no, no podemos. Sé que no puedo comer o beber como cuando tenía entre treinta y cuarenta años, aunque a veces se me olvida.

Para la mayoría de nosotras, los cincuenta años es la edad en la que nos replanteamos cómo vivimos y comemos, pero todavía es mejor tomar medidas para cambiar nuestros hábitos alimentarios y de ejercicio físico antes, de modo que realicemos modificaciones ligeras e inteligentes que nos sigan permitiendo muchos placeres. Hay que aprender a reorganizar algunos aspectos de autogestión.

Las mujeres entre los cuarenta y los cincuenta años tendrían que prepararse para la menopausia y los cambios de metabolismo de la segunda mitad de su vida.

Este es mi registro culinario. A los cuarenta, reduje el consumo de carne a no más de dos veces por semana, y al mismo tiempo incrementé el consumo de pescado, que cada vez me era más fácil conseguir fresco, no congelado. Soy consciente de que no todo el mundo podrá comprar fácilmente pescado fresco, pero yo siempre he tenido pescaderías o supermercados con sección de pescado cerca, tanto en Francia como en Estados Unidos, y en mis viajes veo que cada vez hay más en todas partes. Y aunque siempre he consumido mucha fruta y verdura, con la aparición de más mercadillos de productos agrícolas en Estados Unidos pude aumentar mi ingesta de fruta y verdura de temporada cultivada localmente.

Cuando trabajaba en Veuve Clicquot, solía bromear que el trabajo era muy duro, pero que alguien tenía que beberse todo aquel champán. Después de cumplir cuarenta, sin embargo, como ya no toleraba tomar champán u otros vinos con el almuerzo y la cena en un mismo día, tuve que elegir: el almuerzo era mejor, pero la mayoría de veces mis invitados a cenar eran más importantes, así que esperaba hasta entonces para beber. Sin embargo, procuraba controlar al máximo la cantidad que ingería, usando el viejo truco que consiste en fingir que bebes cuando en realidad solo tomas sorbitos... así, cuando el personal del restaurante comprueba si hay que servir más vino, tu copa sigue demasiado llena como para que lo haga. Es una técnica efectiva y fácil, ya que lo más probable es que tus invitados o anfitriones no se percaten. Yo la he practicado con éxito cientos de veces. Algunas mujeres tienen que dejar de consumir totalmente alcohol a partir de los cuarenta, alrededor de la menopausia, y no les supone ningún esfuerzo por la sencilla razón de que la bebida les sienta mal.

A los cincuenta advertí que ya no toleraba nada bien el vino, y se acabaron los días en que podía compartir una botella con mi marido o una amiga un rato antes de cenar o en la cena. «Reducir» se convirtió en la palabra clave. Las tres copas de algunos días se convirtieron en dos o en una, y bebía vino en una comida solamente (una vez más, por aquel entonces tenía almuerzos de negocios en restaurantes, por lo que siempre me veía obligada a tomar una copa de champán. Entonces reduje drásticamente la cantidad, y hoy en día ya no tengo ningún compromiso que conlleve tomar bebidas alcohólicas. Al contrario, el vino no es un buen aliado para un escritor). En casa, mi marido y yo adoptamos la norma de «media botella en la cena», que consiste en abrir una botella, decantar la mitad del contenido y reservar el resto para otra noche. Media botella compartida en la cena nos pareció la cantidad adecuada y saludable. Como hemos acabado sabiendo, el vino tomado con moderación es un producto saludable con cualidades antienvejecimiento. Pero eso sí, solo consumo vino cuando ingiero alimentos.

A los cincuenta seguí con una dieta equilibrada, aunque gracias a mis viajes y a una mayor disponibilidad de productos en el mercado, añadí más variedad a lo que comía. Incorporar nuevos alimentos y platos es divertido. Ahora bien, el gran cambio fue el control de las raciones. Tenía que ir con cuidado con lo que más problemas me causaba: el pan y el postre. Hubo un tiempo en el que podía disfrutar abundantemente de ambas cosas, pero a los cincuenta eso ya no fue posible. El reto de la comida y el vino es especialmente difícil cuando salimos con amigos o cuando estamos de fiesta o de vacaciones. A veces, durante las vacaciones o las visitas prolongadas de familiares o amigos, observaba las diferencias y descubrí que mezclar vino blanco y vino tinto, por ejemplo, ya no era una buena opción para mí. Las raras veces en que una buena comida implicaba esta posible combinación, elegía solo uno y me sentía mucho mejor. Y, por primera vez en la vida, ¡aprendí a compartir el postre! Uno para dos.

He visto que los sesenta son más reveladores y menos compasivos. Simplemente, no necesitamos comer al ritmo y en la cantidad que nuestro mundo desarrollado y comercial parece inducirnos a hacer, y todos sabemos que, en realidad, la mayoría de nosotros ingerimos entre un diez y un treinta por ciento más de lo que necesitamos. Así pues, he reducido las raciones y he aprendido a decir en los restaurantes que no tomaré postre sin tener remordimientos. A veces, pido dos aperitivos en lugar de un primer plato copioso. Puedo pasar perfectamente una semana o más sin beber vino, especialmente si estoy sola o con alguien que tampoco bebe. Tal vez el cambio más destacado desde que me «retiré» de la vida laboral y de las responsabilidades empresariales, y tengo mucho más control sobre mi tiempo y mis comidas, es que consumo más verdura que nunca. Puedo alimentarme solo de verduras al vapor.

La semana pasada almorcé en París con mi amiga Jeanine, de ochenta años. Soltera, superviviente de un cáncer de mama, está como siempre, esbelta y llena de energía, y es un modelo a seguir. Come, literalmente, como un pajarito, o lo haría si a los pajaritos les gustara la sopa. Todos los días da un paseo de una hora (vivir en París ayuda). Siempre que la veo, me siento como si tomara un curso de actualización sobre hábitos saludables para personas de edad avanzada.

9

Una prescripción de comida antienvejecimiento

Piensa que las francesas, las españolas y las italianas figuran entre las mujeres con mayor esperanza de vida del mundo (más de ochenta y cuatro años). Piensa también que a la francesa, la italiana o la española media no le gusta sudar la gota gorda, aunque se mantiene activa y anda mucho.

La ciencia ha demostrado que el ejercicio físico y una dieta adecuada contribuyen a prolongar la vida y te dan un aspecto mucho más joven de lo que eres. Eso no es ninguna novedad. Podría decirse: «Lo malo está en los detalles», aunque también cabría afirmar que «lo bueno está en los detalles». ¿En qué consiste un ejercicio físico positivo que produzca resultados? ¿Qué es una dieta adecuada? Existen muchas respuestas válidas distintas.

Lo de la dieta adecuada ya no es una mera suposición muy divulgada; está científicamente demostrado que es una práctica incuestionablemente sana y no una simple moda. Se trata de llevar una alimentación que incluya suficiente cantidad de aceites grasos omega-3 procedentes del pescado; antioxidantes, antihipertensivos y grasas monoinsaturadas procedentes del aceite de oliva, así como antioxidantes de la fruta y de las verduras frescas. Esta dieta sigue la norma de tomar una o dos copas de vino al día. No incluye recuento de calorías ni prohíbe el chocolate, aunque la fruta fresca es el postre preferido. Me refiero, por supuesto, a la llamada dieta mediterránea.

Piensa ahora en la larga esperanza de vida de las francesas, las italianas y las españolas. La relación no es simple coincidencia.

Con algunos elementos añadidos que he descubierto por todo el mundo, es la dieta que sigo mayoritariamente. Es también la dieta que seguía la persona de la que hay constancia que ha vivido más tiempo, Jeanne Louise Calment, que se pasó la vida en Arles, la Provenza, en Francia, y murió en 1997 a la edad de ciento veintidós años.

Pero hay otros lugares, culturas y dietas que han sido relacionados científicamente con una vida excepcionalmente larga y sana.

Uno de estos lugares es Okinawa, en Japón, donde la esperanza de vida es muy larga, como su gran cantidad de habitantes centenarios pone de manifiesto. Okinawa es una isla socioeconómicamente modesta, situada a unos seiscientos kilómetros al sur de las islas principales de Japón. La cultura es de poco estrés, y la dieta es característica. Además de consumir muchas hortalizas de hoja verde y amarilla, la población de Okinawa come, sorprendentemente, poco pescado y apenas huevos y productos lácteos; el boniato, que posee aproximadamente la mitad de las calorías que el pan, es su principal fuente de fécula. Además, los habitantes de Okinawa practican el *Hara Hachi Bu*, un pensamiento confuciano consistente en comer solamente hasta que se está lleno al ochenta por ciento. Es decir, controlan las raciones. Efecto final: los habitantes de Okinawa no engordan y no mueren jóvenes.

Se han hecho estudios en los que se comparaba a estos habitantes de Okinawa con personas procedentes de esta isla, con el mismo origen genético, que viven en el extranjero (y que practican los malos hábitos alimentarios característicos del mundo desarrollado). La conclusión a la que han llegado es que la dieta y la cultura (no la genética) son fundamentales para la longevidad. Ahora bien, durante las últimas décadas de globalización, la tradicional dieta baja en calorías de los habitantes de Okinawa ha ido evolucionando hacia las actuales prácticas de Japón y del resto del mundo, más altas en calorías.

Otro grupo longevo documentado, una población de adventistas del Séptimo Día que vive en Loma Linda, en California, demuestra asimismo que el estilo de vida y los hábitos alimentarios saludables practicados durante décadas prolongan varios años, puede que décadas, la vida de una persona. Estos vegetarianos, muy aficionados a los frutos secos, llevan un estilo de vida activo y saludable. El resultado es que viven entre cinco y siete años más que el resto de los generalmente buenos practicantes, y también se mantienen sanos más tiempo. Tampoco engordan. Icaria, la isla griega, y Nuoro, una provincia de Cerdeña, son otros enclaves de personas centenarias, cuya longevidad excepcional se atribuye a la dieta y el estilo de vida.

Algunas de las directrices que nos resultan beneficiosas con la edad, como comer más frutas y verduras y no excederse con las calorías, son evidentes, pero hay otros elementos muy útiles tanto en la cocina como en nuestros platos.

EN LA COCINA Y EN NUESTROS PLATOS

La forma en que abordamos la cocina ha cambiado mucho, y para mejor, en el siglo XXI. Actualmente podemos comer bien con muchas técnicas y consejos que han ideado grandes chefs, como usar menos mantequilla, azúcar o incluso aceite de oliva, y cambiar nuestros métodos culinarios sustituyendo las grasas por caldos o zumos. O utilizando menos sal, especialmente con la carne, marinándola y ablandándola. O haciendo unos pequeños cortes en la carne para que pierda grasa al cocinar y compensando el sabor con más hierbas y especias. O tal vez usando zumo de limón en lugar de parte del aceite de oliva o aceite de pepitas de uva mezclado con caldo (tanto si es de verduras, de pescado, de pollo, como de ternera, hoy en día son fáciles de encontrar y de buena cualidad) para aliñar las ensaladas. ¡Hasta hay un famoso chef francés que cuece las verduras al vapor con el agua con gas de una marca concreta, que contiene minerales que contribuyen a disolver las fibras de celulosa de la verdura (lo que facilita la digestión a la vez que acelera el tiempo de cocción y conserva el color de la verdura)!

Dirigiéndose a quienes todavía no se atreven a cocinar (una actividad espléndida que, además, te permite saber qué estás introduciendo en tu organismo), uno de mis chefs favoritos, Fred Anton, de Le Pré Catelan, de París, afirma lo siguiente: «Cocinar es sencillo. Está caliente o frío, salado o no. Hay criterios, técnicas, pero también creatividad.» Eso es todo. Me encanta experimentar. Otro de mis chefs favoritos, Yannick Alléno, de Le Meurice, de París, asegura que cuando cocina en casa lo hace todo con las manos (una buena forma de liberar estrés y relajarse) y solo utiliza instrumentos básicos, como un batidor, y su pequeño robot de cocina. Es una forma fantástica de relacionarse con la comida y de quemar calorías y tonificar unos cuantos músculos a la vez. No es necesario disponer de todos esos aparatos sofisticados. Aplícate con la cuchara para mezclar los alimentos, como han hecho siempre las francesas que no engordan.

ALIMENTOS PARA SENTIRSE MEJOR

En mi vida ha habido unos cuantos ingredientes fundamentales a la hora de proporcionarme resistencia, bienestar y muchas más cosas, como mínimo agudizar mis papilas gustativas, probar variaciones y darme muchos pequeños placeres. También creo que me han servido para envejecer un poco mejor. Mi marido sustituiría ese «poco» por un «mucho», y yo le agradezco que me haga esta clase de cumplidos.

Quienes me conocen y han probado mis sencillos platos saben que los ingredientes que más utilizo son el limón (y otros cítricos, especialmente el zumo de pomelo y de naranja, aunque rara vez los consumo como zumos solos para evitar la subida de azúcar y no perderme los beneficios de la pulpa o la liberación más lenta de nutrientes al mezclarlos con una salsa o plato... además, un vaso lleno contiene muchas calorías); el vinagre; el yogur y el queso en general (sobre todo el queso fresco de cabra, el requesón fresco y, cuando estoy en Francia, el magnífico e irremplazable *faisselle*); los huevos, los granos (especialmente, quinoa, lentejas, mijo y bulgur); las setas (cualquier clase, y a poder ser con una copa de champán, el acompañamiento perfecto); el pescado (desde ostras o mejillones hasta salmón o cualquier otro pescado, especialmente preparado en papillote), las patatas (después de todo, soy francesa, y crecí comiendo una pequeña ración a diario, desde hervidas o en puré hasta asadas y, sí, también fritas, pero solo los domingos y sin segundo plato, porque en mi casa los niños no teníamos margen de negociación); las verduras (especialmente puerros, brócoli, calabacín, hinojo, espárragos, col rizada, guisantes, pepino y judías verdes); las bayas (sobre todo fresas, frambuesas, arándanos, arándanos rojos, así como el todopoderoso tomate), y por supuesto los frutos secos (en particular nueces y almendras; hierbas (perejil, albahaca, romero, tomillo y menta); especias (canela, curry, cúrcuma, comino), y las nuevas frutas que descubrí de adulta, entre ellas aguacate, kiwi, papaya, granada y el mango cuando, por desgracia, no puedo disponer de fruta cultivada localmente, pero me encanta derrochar dinero en ellas y las he incorporado a mi estilo de vida gastronómico posterior a los cuarenta años. Naturalmente, la manzana y la pera han sido mi religión. Y, por supuesto, el chocolate, el buen pan y el vino. Eso sí, con moderación, por favor.

La mayoría de los alimentos básicos de esa lista destacan como alimentos excepcionalmente sanos. A continuación encontrarás la relación de los diez principales alimentos saludables que aconsejo, detallados sin ningún orden concreto (me costó detenerme al llegar al décimo):

- Ostras
- Arándanos
- Yogur
- Lentejas
- Espinacas
- Quinoa
- Tomates
- Avena
- Miel
- Manzanas

Puede que el alimento más saludable y con mayores propiedades antienvejecimiento de todos ellos sea la miel. Como ha formado parte de manera importante de mi nutrición y de mi vida diaria desde que era pequeña, casi daba esta información por sabida, pero en realidad es necesario pregonarla a los cuatro vientos.

MIEL

¿Es la miel un alimento, una medicina o un producto de belleza? Es todas estas cosas, claro. Si quieres tener un aspecto más joven y saludable, reduce la ingesta de azúcar y pásate a la miel. El azúcar, que está oculto en la mayoría de alimentos preparados, incluidos los platos de los restaurantes, y es el emoliente de los refrescos, las bebidas refrescantes y los cócteles, no solo ensancha la cintura sino que contribuye a la aparición de arrugas. Las concentraciones elevadas de azúcar en la sangre provocan la glicación, que daña el colágeno cutáneo, y ya tenemos las arrugas y la flacidez debida a la gravedad de pies a cabeza. Y no nos planteemos utilizar edulcorantes artificiales, excepto que estemos dispuestos a doblar el consumo de agua para eliminar esas «toxinas» enseguida.

Yo prefiero recurrir a la miel, que está elaborada con néctar de flores gracias a la colaboración de las abejas, por lo que me parece una clase bastante «romántica» de alimento, algo así como comer flores. Mi padre tuvo colmenas unos cuantos años y, para mí, la aventura y el recuerdo de recoger la miel y comerla directamente del panal aumentan el romanticismo de su consumo. Las distintas flores aportan sabores diferentes al producto, que está compuesto principalmente de fructosa y glucosa (alrededor del setenta por ciento). Mi favorita es la de acacia, que es común en Francia, Italia y China (y abundante en la Provenza). La de bergamota, de la Lorena, es un placer escaso y especial.

A diferencia del azúcar de mesa, o sacarosa, la miel contiene pocas calorías vacías. Se necesita mucha menos miel (y por tanto menos calorías) que sacarosa para endulzar los alimentos y las bebidas. Y si te gustan las bebidas isotónicas o las energizantes, piensa que una cucharada o dos de miel en un vaso de agua fría o caliente es la perfección: la glucosa proporciona un aumento instantáneo de energía y la fructosa, que se metaboliza más despacio, un aporte continuo.

La miel es increíble: es antioxidante, antibacteriana (es un ácido con un pH de aproximadamente 4, de modo que mata las bacterias), antimicrobiana y posee una ósmosis elevada (lo que significa que puede obtener agua de todo aquello a lo que se le añade, así que mata los gérmenes por deshidratación).

Su historial como medicina es largo y distinguido. Son muy difundidos sus beneficios en el tratamiento del dolor de garganta y la tos, el asma y la fiebre del heno, la diarrea y las úlceras de estómago; además de las infecciones de dientes y de oído, la neumonía, el cólera, la escarlatina... y un largo etcétera.

Su uso para el cuidado de la piel y la cicatrización de heridas es igualmente impresionante. Informaciones que se remontan al año 50 a. C. la citan como un tratamiento tópico para las quemaduras del sol y las heridas. Una de sus extraordinarias propiedades es que cuando se aplica a una herida, la superficie de la miel en contacto con esta se convierte en peróxido de hidrógeno que se libera lentamente, motivo por el cual se ha utilizado con tanto éxito para tratar quemaduras en la piel y úlceras de pie diabético. Nada de vendajes que hay que retirar, simplemente miel que se disuelve fácilmente.

Y por eso sirve para preparar una mascarilla estupenda. Aplícate en la cara una o dos cucharaditas de miel, déjala diez minutos y a continuación retírala con un suave lavado. La miel sirve para limpiar el cutis, y sus propiedades astringentes contribuyen a combatir el exceso de grasa cutánea, las espinillas e incluso el acné, además de ayudar a cicatrizar algunas heridas. Aun así es hidratante, penetra en la dermis y nutre la piel que envejece. No debe extrañar, pues, que Cleopatra añadiera leche y miel a su baño.

Hasta que escribí este capítulo no me había percatado de que consumo directamente miel de alguna forma por lo menos cinco de cada siete días de la semana, año tras año, y lo he hecho desde que era niña. Tal vez sea mi milagrosa píldora antienvejecimiento. (Mi madre siempre me decía que me llenaría las mejillas para la vejez.)

Mientras escribo esto en mi paraíso de la Provenza, estoy siguiendo una cura de «frutos rojos», es decir, un tratamiento más o menos prolongado basado en tomar dosis muy abundantes de un alimento durante varios días. Entre estos alimentos incluyo desde fresas, frambuesas y cerezas hasta remolacha y sandía, y las consumo a diario de formas diversas (¡Me gustan con pimienta de Kerala!). Son saludables, y unos días o incluso una semana dándote el gusto de comerlas a voluntad, especialmente cuando están en su momento álgido de sabor, no va a destruir tu equilibrio nutricional, sino a aumentar tu placer. A medida que pasa el tiempo interpreto una sinfonía con mis alimentos favoritos (bueno, quizás un concierto), sobre todo de mi infancia y también de mi edad adulta, y sí, resultan increíblemente beneficiosos para envejecer con estilo y con actitud positiva.

Puede que nuestras madres y abuelas no supieran demasiado sobre nutrición, calorías o antioxidantes, pero sin duda sabían sobre frescura, variedad, equilibrio, buen gusto y placer. *Voilà*. Eso es todo.

A continuación encontrarás unas cuantas recetas fáciles que contienen algunos de mis ingredientes favoritos. Han formado parte de mi plan nutricional desde que cumplí los cincuenta, y algunas de ellas desde mucho antes.

DESAYUNO MÁGICO

En la Provenza, cuando tengo invitados, incluyo siempre un gran bol de desayuno mágico en el aparador, donde se conserva bien veinte minutos. Como gusta mucho, aviso a mis invitados de que hay un segundo bol esperando en la nevera, y muchas veces los dos quedan vacíos una vez terminado el desayuno. Entusiasma a mujeres, hombres y niños por igual.

Ingredientes para 1 persona:
½ o ⅓ de tarro de yogur (o, si estás en Francia, *faiselle*)
1 cucharadita de aceite de linaza (también puede usarse aceite de oliva o de otros tipos)
zumo de 1 limón Meyer
1 cucharadita de miel
2 cucharadas de harina de avena cruda, a la antigua
2 cucharaditas de nueces picadas

1. Vierte el yogur en un bol y añade el aceite. Mezcla bien. Añade el zumo de limón y mezcla. Añade la miel y mezcla bien. (Es importante añadir los ingredientes de uno en uno y a continuación ir mezclando para obtener un preparado homogéneo.)
2. Añade la harina de avena y las nueces a lo anterior y mezcla bien. Sirve inmediatamente.

No puedo evitar señalar lo excelente que resulta este desayuno, porque es completo y contiene un buen equilibrio de hidratos de carbono, proteínas y grasas. La miel lo convierte en un «postre», y todos sabemos que un postre en el desayuno permite mantener niveles bajos de grelina (la hormona que estimula el apetito) y, en consecuencia, proporciona mayor sensación de saciedad. Además, cuando comes lo que te gusta, reduces la ansiedad. Mucha gente se salta el desayuno, a pesar de saber que es una comida importante. Según los estudios efectuados, más del 22% de estadounidenses no desayuna, y entre los que sí lo hacen, los que comen en casa suelen tener una menor masa corporal. Ahora bien, más del 40% come fruta, y un treinta por ciento, cereales fríos (¿os suena Cheerios?) porque es rápido. No es la mejor manera de envejecer bien. Pasados los cuarenta años, es fundamental un desayuno completo, o «maduro», como yo lo llamo: el desayuno mágico Redux lo es, y facilísimo de preparar.

MIL HOJAS DE REMOLACHA
(¡UN SÁNDWICH SIN PAN!)
CON REQUESÓN Y MIEL

Ingredientes para 4 personas:
1 cucharada de miel
2 cucharadas de vinagre de jerez
3 cucharadas de aceite de oliva
unos 300 g de requesón fresco con leche entera
4 remolachas medianas asadas, peladas y cortadas horizontalmente en rodajas de medio centímetro
2 cucharadas de albahaca fresca picada
sal y pimienta recién molida

1. En un bol pequeño, bate juntos la miel, el vinagre de jerez y el aceite de oliva hasta obtener una mezcla homogénea y sazona con sal y pimienta. Coloca el requesón en otro bol pequeño, sazona con sal y pimienta y bate hasta obtener una crema ligera y homogénea.
2. Para montar el mil hojas, coloca una lámina de remolacha en un plato, cubre con requesón y sigue alternando capas (usa cuatro láminas de remolacha para cada ración). Pon una cucharada de requesón sobre el mil hojas, rocíalo todo con la vinagreta, decora con la albahaca y sirve inmediatamente.

NOTA: Si puedes conseguir remolacha amarilla, usa dos remolachas rojas y dos amarillas para que la presentación tenga más colorido.

Ingredientes para 4 personas:
4 cucharadas de hojas de albahaca fresca
zumo de medio limón
4 cucharadas de vinagre de jerez
3 cucharadas de aceite de oliva
2 pepinos, lavados, pelados y sin pepitas, cortados en da-
    dos de medio centímetro
2 tomates grandes, lavados y sin pepitas, cortados en da-
    dos de medio centímetro
½ taza de piñones tostados
2 cucharadas de pasas de uva blanca
sal y pimienta recién molida
8 hojas grandes de lechuga para servir (opcional)

1. Pon las hojas de albahaca una encima de la otra y en-
   róllalas longitudinalmente. Córtalas transversalmente en rodajas con un cuchillo afilado para formar unas
   «cintas» delgadas, y resérvalas.
2. En un bol mediano bate juntos la albahaca, el zumo
   de limón, el vinagre de jerez y el aceite de oliva. Sazona a tu gusto y reserva.
3. Pon el pepino, los tomates, los piñones y las pasas en
   un bol y remueve para mezclar los ingredientes. Añade la vinagreta de albahaca, reservando 2 cucharadas
   para servir el plato, y mézclalo bien. Tapa el bol con
   film adherente y déjalo enfriar 1 hora en el frigorífico.
4. Para servir, pon en cada plato dos hojas grandes de lechuga, si vas a usarlas, y el tartar encima. Para una presentación más sofisticada, coloca un aro de 7,5 cm en
   el centro de cada plato e introduce el tartar en el molde, procurando escurrirlo bien antes de hacerlo. Dale
   unos golpecitos suaves para comprimirlo y retira con
   cuidado el molde circular. Decora con unas cintas más

de albahaca, un poco de sal espolvoreada y un chorrito de la vinagreta restante.

LENTEJAS DE TRES FORMAS:
SOPA, GUARNICIÓN Y ENSALADA

Ingredientes para 4 personas:
1 cucharadita de aceite de oliva extravirgen, y un poco
    más para servir
2 dientes de ajo, pelados y picados
1 chalota, pelada y picada
1 cucharadita de tomillo (o romero) fresco
300 g de lentejas (a ser posible de Puy), lavadas y seleccionadas
1 cucharada de curry
1 l de agua
½ l de caldo de verduras caliente (si se prepara la sopa)
sal gorda y pimienta recién molida
crema de leche para decorar la sopa (opcional)

1. Calienta el aceite de oliva en una cazuela a fuego moderado. Añade el ajo, la chalota y el tomillo, saltéalo todo y remuévelo unos 2 minutos, hasta que esté fragante y blando.
2. Añade las lentejas, el curry y la pimienta recién molida, y cocina 1 minuto sin dejar de remover.
3. Incorpora el agua y lleva la mezcla a ebullición a fuego entre moderado y alto. Baja el fuego, tapa la cazuela y deja hervir a fuego lento entre 35 y 40 minutos.
4. Para servir las lentejas como una sopa, añade el caldo de verduras caliente para que hierva todo junto los últimos 10 minutos. Cuando las lentejas estén tiernas, pasa con cuidado la mitad de la mezcla por una batidora o un pasapurés hasta obtener un puré suave y cre-

moso. Vuelve a introducir este puré en la cazuela y remueve para mezclarlo bien. Obtendrás así una sopa de lentejas cremosa con algo de textura. Sazona a tu gusto y sirve caliente, decorada con una cucharada de crema de leche y el curry en polvo espolvoreado por encima, si así lo deseas.

5. Para servir las lentejas como guarnición en un plato aparte, escurre el agua sobrante cuando las lentejas estén tiernas y colócalas en un bol individual. Sazona con sal gorda a tu gusto, rocíalas con un chorrito de aceite de oliva y sirve inmediatamente. También puedes añadir tus hierbas frescas favoritas picadas.

> NOTA: *Lo que sobre será una ensalada deliciosa que podrás comer los siguientes dos o tres días. Simplemente saca las lentejas del frigorífico 15 minutos antes y prepara la ensalada que quieras con unas cuantas hojas de lechuga, las lentejas y cualquier otra verdura cruda que te apetezca añadir. Si vas a servir la ensalada como plato principal o como plato único, quedará perfecto añadir uno o dos huevos pasados por agua, igual que una lata pequeña de atún o de sardinas, o un poco de salmón que te haya sobrado.*

ARROZ ROJO

Puedes encontrar el arroz rojo de la Camarga en tiendas especializadas. Yo lo descubrí en la Camarga, a cuarenta y cinco minutos de mi casa, en la Provenza, como una alternativa superior al arroz blanco corriente, y lo encuentro más crujiente y sabroso.

Ingredientes para 4 personas:
2 cucharadas de aceite de oliva
2 tazas de arroz rojo
4 dientes de ajo, pelados y aplastados con la parte plana
    de un cuchillo ancho
1 ramita de romero fresco, sin hojas y picada fina
6 tazas de agua
sal y pimienta recién molida

1. Calienta el aceite de oliva en una cazuela grande a fuego
   moderado. Añade el arroz, el ajo y el romero, y cocina
   unos 2 minutos removiendo, hasta que los granos que-
   den bien impregnados de aceite y ligeramente tostados.
2. Añade agua y lleva a punto de ebullición a fuego alto.
   Baja el fuego, tapa la cazuela y deja hervir a fuego lento
   unos 35 minutos, removiendo de vez en cuando, hasta
   que el arroz esté en su punto. Cucla el arroz, retira los
   dientes de ajo machacados, y sazona generosamente
   con la sal y la pimienta recién molida. Sirve inmediatamente.

Este plato está delicioso servido con pescado, pollo o
pato, o como base para una ensalada.

BROQUETAS DE RAPE Y MANGO
CON COULIS DE AGUACATE

Ingredientes para 4 personas:
2 aguacates medianos
zumo de 2 limones
150 ml de agua
½ kg de rape (también puede usarse pez espada)
1 mango maduro grande (o bien 2 pequeños) pelados y
    deshuesados, cortados en dados de 1 centímetro

2 cucharadas de aceite de oliva
sal y pimienta recién molida

1. Corta cada aguacate por la mitad y deshuésalo. Extrae
la pulpa con una cuchara y ponla en una batidora junto con el zumo de limón y el agua. Tritura hasta convertir en un puré suave, añadiendo un poco más de
agua si es necesario (hasta 200 ml en total). Sazona a
tu gusto y reserva.
2. Precalienta una plancha o parrilla a fuego moderado.
3. Lava el pescado, sécalo dándole unos toques con una
hoja de papel de cocina y córtalo en dados de 1,5 centímetros. Clava un dado de pescado en una broqueta,
seguido de un dado de mango; repite dos veces con
cada broqueta. Úntalas con aceite de oliva y sazona a
tu gusto.
4. Coloca las broquetas en la plancha o parrilla y cocí-
nalas aproximadamente entre 8 y 12 minutos, dándoles la vuelta para hacerlo uniformemente, hasta que el
pescado quede opaco y se pueda pinchar fácilmente
con un cuchillo. Sirve inmediatamente con el coulis de
aguacate.

ENSALADA DE CALABACÍN Y CALABAZA AMARILLA CON QUESO FETA Y MENTA

Ingredientes para 4 personas:
zumo de 1 limón
3 cucharadas de vinagre de jerez
3 cucharadas de aceite de oliva
150 g de queso feta desmenuzado
1 puñado de hojas de menta fresca picadas
2 calabacines
2 calabazas amarillas

12 tomates cherry, partidos por la mitad
sal y pimienta recién molida

1. En un bol pequeño, bate juntos el zumo de limón, el
   vinagre de jerez y el aceite de oliva. Sazona a tu gusto
   y reserva. En otro bol pequeño, mezcla el queso feta
   con una tercera parte de la menta y reserva.
2. Lava el calabacín y la calabaza amarilla, y córtales las
   puntas. Corta uno de los dos tipos de hortaliza transversalmente en rodajas finas. Con un pelador de verduras, corta el otro tipo en tiras. Ponlo todo en un bol
   grande, añade los tomates, la vinagreta y la mezcla de
   queso feta y menta, y revuelve suavemente para mez
   clarlo todo. Sazona a tu gusto, tápalo y déjalo enfriar
   1 hora en el frigorífico.
3. Para servir, revuelve la ensalada y decora con el resto
   de la menta.

SARTENADA DE SETAS

Las setas del «bosque» (las variedades silvestres) pueden
ser caras, pero son sabrosísimas. Ahora bien, puedes utilizar
champiñones y mezclar con las sobras de una patata hervi-
da cortada en dados pequeños, o incluso con unas lonchas
de beicon para añadirle sabor.

Ingredientes para 4 personas:
350 g de setas surtidas (mezcla dos o tres tipos, como *shiitake*, champiñón crimini, champiñón portobello, seta
   de ostra o rebozuelo, por ejemplo)
2 dientes de ajo, pelados
1 cucharada de aceite de oliva
1 cucharada de vermut seco (o vino blanco)
2 cucharadas de perejil picado
1 cucharada de estragón picado

2 cucharadas de crema de leche (o yogur)
sal y pimienta recién molida
4 rebanadas de brioche o de pan del día anterior

1. Lava las setas con una hoja de papel de cocina ligeramente húmedo, elimina las puntas y corta a láminas. Pica un diente de ajo y reserva.
2. Calienta el aceite de oliva en una sartén a fuego moderado. Incorpora el ajo y saltéalo unos 30 segundos hasta que esté fragante y blando. Añade las setas y cuécelas unos 10 minutos, removiendo de vez en cuando, hasta que estén tiernas.
3. Añade el vermut, una cucharada de perejil y el estragón, y sigue cocinando unos 2 minutos, sin dejar de remover, hasta que se haya evaporado todo el líquido de cocción. Añade la crema de leche, procura que quede bien mezclado y sazona a tu gusto.
4. Mientras tanto, tuesta las rebanadas de pan. Corta el diente de ajo restante por la mitad y restriega con él el pan tostado. Coloca una rebanada de pan en cada plato y reparte equitativamente entre las 4 rebanadas la mezcla con las setas. Decora con el resto de perejil picado y sirve inmediatamente.

CAVIAR DE BERENJENA

Ingredientes para 4 personas:
2 berenjenas medianas
6 dientes de ajo, pelados y cortados por la mitad
2 cucharadas de aceite de oliva
1 cucharadita de curry (también puede usarse comino)
una pizca de pimentón
zumo de medio limón
sal y pimienta recién molida

1. Precalienta el horno a 180 °C. Lava las berenjenas, córtalas longitudinalmente y disponlas en un bandeja de horno en la que habrás colocado papel de aluminio (asegúrate de que el papel de aluminio sea lo bastante grande como para tapar la berenjena al doblarlo y crear así un «paquete» para cocinarla).
2. Haz unos cortes en la berenjena con un cuchillo, introduce los dientes de ajo en las incisiones y rocía con un chorrito de aceite de oliva. Espolvorea el curry y el pimentón por encima, sazona a tu gusto y tapa con el papel de aluminio para formar un paquete sellado.
3. Hornea unos 40 minutos, hasta que la berenjena esté tierna. Abre con cuidado el papel de aluminio, vacía la pulpa con una cuchara, introdúcela en un bol y descarta la piel. Añade el zumo de limón, tritura con un tenedor y sazona a tu gusto. Deja enfriar y sirve con pan tostado.

SARDINAS A LA SICILIANA

Crecí comiendo sardinas de lata dispuestas ordenadamente sobre rebanadas de pan. Quizá mi madre supiera algo sobre antioxidantes, como por ejemplo que las sardinas contienen una buena cantidad de ellos, pero hasta poco tiempo después de casada no descubrí las sardinas a la parrilla en un pequeño restaurante de la costa Esmeralda de Cerdeña. Se convirtieron en nuestro almuerzo diario, y desde entonces he preparado a menudo este plato sencillo, especialmente porque es fácil conseguir sardinas frescas tanto en Nueva York como en la Provenza.

Ingredientes para 4 personas:
1 cucharada más 1 cucharadita de aceite de oliva
4 sardinas frescas (de entre 80 y 120 g cada una), limpias,
    con la cabeza y la cola intactas
1 diente de ajo, pelado y picado fino
1 chalota, pelada y picada fina
1 cucharada de piñones tostados
1 cucharadita de almendras fileteadas
zumo de 1 limón
4 cucharadas de vinagre de jerez
sal y pimienta recién molida

1. Calienta una cucharada de aceite de oliva en una sartén antiadherente a fuego moderado y asa las sardinas entre 2 y 3 minutos por lado aproximadamente, hasta que estén doradas. Retira de la sartén y coloca en una bandeja de servir, sala ligeramente y reserva.
2. Añade la cucharadita restante de aceite de oliva a la misma sartén, incorpora después el ajo y la chalota y saltéalo alrededor de 1 minuto a fuego entre bajo y moderado, hasta que estén fragantes. Agrega los piñones, las almendras, el zumo de limón y el vinagre de jerez, y hierve alrededor de un minuto y medio a fuego lento sin dejar de remover. Sazona a tu gusto.
3. Con una cuchara, reparte uniformemente el aderezo de vinagre sobre las sardinas y sirve inmediatamente.

Para servir las sardinas al estilo de Sicilia, ponlas sobre el aderezo de vinagre en la sartén y acompáñalas con *focaccia* ligeramente caliente.

PARRILLADA DE VERDURAS CON QUESO DE CABRA PROVENZAL

Ingredientes para 4 personas:

1 pimiento amarillo, sin el corazón y cortado en tiras de
    2,5 centímetros
1 pimiento rojo, sin el corazón y cortado en tiras de
    2,5 centímetros
2 calabacines, cortados transversalmente por la mitad y
    a continuación cortados longitudinalmente en tiras
    de medio centímetro
1 berenjena mediana, cortada transversalmente en roda-
    jas de medio centímetro
4 cucharadas de aceite de oliva, más otra para la parrilla
1 diente de ajo, pelado y picado fino
zumo de medio limón
100 g de queso de cabra desmenuzado
1 cucharada de menta fresca picada
sal y pimienta recién molida
4 rebanadas de pan de hogaza tostadas

1. Precalienta la parrilla a fuego entre moderado y alto. Coloca los pimientos, los calabacines y la berenjena en un
   bol grande, añádeles 2 cucharadas de aceite de oliva y sazona a tu gusto. Unta ligeramente la parrilla con un poco
   de aceite de oliva y asa las verduras entre 10 y 12 minutos, dándoles una vuelta, hasta que estén tiernas.
2. Mientras tanto, bate las dos cucharadas restantes de
   aceite de oliva, el ajo y el zumo de limón en un bol pequeño, y sazona al gusto.
3. Pon las verduras asadas en un bol, añade la mezcla de
   aceite de oliva y zumo de limón junto con el queso
   de cabra, y revuelve con cuidado. Decora con la menta
   y sirve caliente o a temperatura ambiente con pan tostado.

ALMEJAS CON CÍTRICOS Y RÚCULA

Ingredientes para 4 personas:
2 pomelos rosas
40 g de almendras (o nueces) laminadas
3 cucharadas más 1 cucharadita de aceite de oliva
230 g y ½ taza de rúcula
24 almejas medianas limpias
zumo de 1 limón
sal y pimienta recién molida

1. Para preparar los gajos de pomelo, corta una rodaja de la parte superior e inferior, y pela la fruta, siguiendo la curva de su forma. En un bol, utiliza un cuchillo pequeño y afilado para cortar entre las membranas y así liberar los gajos y el zumo. Reserva 4 gajos enteros para decorar el plato y pica el resto. Añade las almendras y 1 cucharada de aceite de oliva a los gajos picados, y sazona con pimienta.

2. Calienta una cucharadita de aceite de oliva en una sartén antiadherente a fuego moderado, añade los 230 g de rúcula, y saltéala alrededor de 1 minuto, hasta que esté blanda. Sala, retira de la sartén, pícala fina y reparte en 4 bols poco profundos.

3. Precalienta una parrilla a fuego entre moderado y alto. Sitúa las almejas directamente en la parrilla y ásalas entre 6 y 8 minutos sin darles la vuelta, hasta que se abran.

4. Mientras tanto, reparte con una cuchara la mezcla de pomelo y almendra sobre la rúcula. En un bol pequeño, mezcla las 2 cucharadas restantes de aceite de oliva y el zumo de limón.

5. Pasa con cuidado las almejas asadas a los bols (descarta las que no se hayan abierto) y dispón sobre ellas la rúcula y el pomelo. Decora cada bol con la mezcla de

zumo de limón y aceite de oliva, un gajo entero de pomelo y la parte proporcional de la rúcula fresca restante. Sirve inmediatamente.

ORECCHIETTE CON JUDÍAS VERDES, PATATAS Y PESTO

Cuando mi amiga piamontesa que me enseñó este plato viaja a la Provenza, sustituye la albahaca por menta fresca.

Ingredientes para 4 personas:
1 cucharada de aceite de oliva
150 g de pesto
250 g de patatas nuevas pequeñas, troceadas a cuartos
350 g de *orecchiette*
200 g de judías verdes
2 cucharadas de albahaca fresca picada
sal y pimienta recién molida

1. En un bol pequeño, bate juntos el aceite de oliva y el pesto, y reserva.
2. Llena una cazuela grande con agua salada y lleva a ebullición. Añade las patatas y los *orecchiette* y hierve 8 minutos. Incorpora las judías verdes a la cazuela, vuelve a llevar a ebullición y sigue hirviendo entre 3 y 4 minutos adicionales, hasta que las patatas y las judías verdes estén tiernas y los *orecchiette* al dente.
3. Reserva ½ taza del agua de cocción, escurre las patatas, los *orecchiette* y las judías verdes, y ponlos en un bol grande. Añade ¼ de taza del líquido de cocción reservado a la salsa pesto, bátelo, e incorpora después la salsa a las patatas, los *orecchiette* y las judías verdes, antes de mezclarlo todo bien. Si la pasta parece un poco seca, añade más agua de cocción. Sazona al

gusto, decora con albahaca fresca y sirve inmediatamente.

PATO CON MANGO CARAMELIZADO

Ingredientes para 2 personas:
250 ml de caldo de verduras
1 anís estrellado entero
2 cucharadas de azúcar
2 cucharadas de agua
2 cucharadas de mantequilla
1 mango maduro, pelado y cortado en dados de medio
    centímetro
100 g de apio nabo, pelado y cortado en tiras de medio
    centímetro
2 pechugas de pato de 170 g
2 cucharaditas de mezcla de cinco especias chinas en
    polvo
150 g de champiñones limpios y laminados
1 cucharada de perejil picado
sal y pimienta recién molida

1. Pon el caldo de verduras con el anís estrellado en un
   cazo pequeño y lleva a punto de ebullición a fuego entre moderado y alto. Hierve a fuego lento hasta que se
   espese y se haya reducido a la mitad. Retira el anís estrellado y mantén el caldo caliente.
2. Mezcla el azúcar y las 2 cucharadas de agua en un cazo
   pequeño a fuego entre moderado y alto, removiendo
   hasta que el azúcar se disuelva. Lleva a ebullición y déjalo hervir hasta que la mezcla empiece a adquirir color. Haz girar con cuidado el cazo para lograr que el
   color sea uniforme y evitar que el azúcar se queme. Sigue cocinando hasta que la mezcla adquiera un ligero

color ámbar. ¡Ten cuidado, porque una vez empieza a adquirir color, se carameliza bastante deprisa! Retira el cazo del fuego e incorpora con cuidado la mantequilla, haciendo girar el cazo para que se funda. Añade el mango, vuelve a poner el cazo a fuego moderado y sigue removiendo. Añadir el mango provocará que la caramelización del azúcar se interrumpa temporalmente, pero sigue haciendo girar el cazo unos 2 minutos hasta que el mango empiece a ablandarse y a liberar jugos. Retira del fuego y mantén caliente.

3. Pon el apio nabo en una vaporera situada sobre agua hirviendo a fuego lento y cuécelo entre 10 y 15 minutos, hasta que esté tierno. Aparta del fuego, sazona a tu gusto y mantén caliente.

4. Con un cuchillo afilado haz unas marcas en diagonal en la piel de las pechugas de pato (para que liberen grasa durante la cocción) cada 2,5 centímetros formando un diamante (ten cuidado de no cortar la carne). Sazona con la mezcla de cinco especias chinas, la sal y la pimienta, y reserva.

5. Calienta una sartén grande a fuego moderado y asa las pechugas de pato con la piel hacia abajo. Cuece 8 minutos para que la grasa se libere y la piel empiece a dorarse y a ponerse crujiente. Da la vuelta a las pechugas y cocina entre 3 y 4 minutos más para que la carne quede poco hecha. Retira de la sartén, tápalas y déjalas reposar 10 minutos.

6. Retira de la sartén la grasa del pato, excepto 3 cucharadas, y añade las setas. Cocina unos 3 minutos a fuego moderado, sin dejar de remover, hasta que estén doradas. Sazona a tu gusto y reserva en un sitio cálido.

7. Para servir, reparte las setas y el apio nabo entre dos platos. Coloca en cada uno una pechuga de pato, cortada en tajadas y abierta en abanico. Sirve el mango

con una cuchara sobre el pato y rocíalo después con el caldo reducido. Decora con perejil y sirve inmediatamente.

SUFLÉS DE CHOCOLATE CON PIMIENTO DE ESPELETTE

Ingrediente para 4 personas:
1 cucharada de mantequilla ablandada
100 g de azúcar y 1 cucharada más para los moldes de suflé
170 g de chocolate negro desmenuzado
50 ml de leche
2 cucharadas de cacao
2 cucharaditas de pimiento de Espelette (o pimentón dulce)
5 huevos a temperatura ambiente
una pizca de sal
azúcar glas para decorar

1. Unta ligeramente de mantequilla y espolvorea de azúcar cuatro moldes de suflé de 220 g y ponlos en el frigorífico hasta que estén fríos. Precalienta el horno a 190 °C.
2. Coloca el chocolate y la leche en un bol refractario y pon al baño maría. Remueve hasta que forme una masa homogénea. Añade 50 g de azúcar, el cacao, el pimiento de Espelette y las yemas de huevo, y remueve hasta que forme una masa homogénea. Retira del fuego y reserva.
3. Bate las claras de los huevos con una pizca de sal en un bol grande con una batidora eléctrica a velocidad media hasta que estén espumosas. Añade los 50 g de taza de azúcar restante y sigue batiendo hasta llevar-

las a punto de nieve. Incorpora un tercio de las claras de huevo a la mezcla que contiene el chocolate removiendo suavemente con una espátula y, seguidamente, el resto hasta obtener una mezcla homogénea. Dispón los moldes en una bandeja de horno y llénalos hasta tres cuartas partes con la mezcla preparada. Hazlo cuidadosamente, con una cuchara.

4. Hornea unos 15 minutos, hasta que los suflés hayan subido y la parte superior haya cuajado. Sácalos del horno, espolvoréalos con azúcar glas y sírvelos inmediatamente.

10

Suplementos

Pastillas. Pastillas de todo tipo. Todos queremos la píldora mágica antienvejecimiento que nos otorgue una larga vida. Se nos ofrecen más y más pastillas a modo de suplementos. Existen tiendas dedicadas exclusivamente a la venta de vitaminas que ofrecen panaceas salidas directamente de un libro de Harry Potter. En las farmacias podemos encontrar estantes llenos de suplementos que no precisan receta. En las tiendas de productos naturales vemos grandes secciones dedicadas a los tratamientos homeopáticos y a los suplementos (la que se encuentra en mi barrio neoyorquino dispone de una sección anexa de pastillas para incluirlos todos). Los anuncios sobre dietas y píldoras milagrosas abundan en las revistas y en la red. Todo ello me confunde. Me tienta. Sé que muchas de estas pociones mágicas no benefician demasiado y que muchas incluso pueden perjudicar.

Si practicas lo que he estado aconsejando, básicamente medicina preventiva, y si sigues una dieta equilibrada, variada y saludable, ¿por qué habrías de necesitar más cantidad de algo que la naturaleza ya te proporciona? Puede que, con la edad, necesites algo, pero ¿qué?

Lo mejor que puedes hacer al respecto a partir de los cincuenta (si no antes) es pedir al médico que te prescriba un análisis de sangre que incluya una larga lista de vitaminas y minerales. Si se descubre que tienes alguna deficiencia, el primer paso debería consistir en modificar un poquito tus hábitos alimentarios. ¿Tienes el magnesio un poco bajo? ¿Y si añades a tu dieta un plátano (que aporta este mineral) dos veces a la semana antes de apresurarte a ingerir un complejo vitamínico o un suplemento de magnesio?

SUPLEMENTOS VITAMÍNICOS Y MINERALES

De acuerdo, es probable que un complejo vitamínico en dosis bajas no te perjudique y puede que incluso te beneficie, especialmente si es de la variedad ideada especialmente para las mujeres de cierta edad. Ahora bien, los estudios clínicos siguen sin aportar pruebas de que tomar complejos vitamínicos mejore la salud de una persona. Desde luego, no curan ninguna de las enfermedades principales.

Pero lo más alarmante es que los estudios sí han demostrado que las sobredosis resultan realmente peligrosas. Pueden provocar todo tipo de efectos adversos, y las dosis excesivas de vitamina A, D, E y K, por ejemplo, interactúan negativamente con algunos fármacos que precisan receta.

Si lees los prospectos de algunos suplementos vitamínicos y minerales, verás que suelen incluir las cantidades diarias recomendadas por un gobierno o un centro de investigación. Después aparece el porcentaje de esa cantidad recomendada que contiene la pastilla o el preparado. Y hay porcentajes del 250%, del 500% e incluso del 1.000%. A ver, ¿quién dijo que diez veces la cantidad recomendada es diez veces más beneficioso... o siquiera dos veces más beneficioso? Nadie, ni tan siquiera las empresas que los producen, y no lo dicen porque no es verdad, y existen poquísimas pruebas que respalden cualquier afirmación de que estarás más sano si los tomas.

Piensa también en la leche, el pan, la pasta y los cereales enriquecidos que consumimos. Seguramente ya nos aportan más de la cantidad diaria recomendada de diversos minerales y vitaminas. ¿Hay que añadir a eso un complejo megavitamínico? Podrías llegar a ingerir diariamente el 2.000% de la cantidad recomendada. ¿Y por qué todo tiene que ser «mega» en nuestro mundo extragrande? Como has oído que el aceite omega-3 es bueno para ti y que contribuye a reducir el riesgo de infarto, aumentas la cantidad de pescado azul que consumes. ¿Habría que añadir a eso pastillas de aceite de pescado, cuyos beneficios aún no se han demostrado? ¿Y quizá también unas hierbas de las que has oído hablar, procedentes de un lugar y de una planta totalmente desconocidos para ti, y de una empresa de la que no sabes nada, para obtener cierta protección (o acaso cura) para cualquier otra cosa?

Ha llegado el momento de enfrentarse a otra realidad: es más seguro obtener las vitaminas y los minerales, así como los antioxidantes y demás agentes beneficiosos, de la fruta, la verdura, los frutos secos, los granos, los productos lácteos, el pescado y la carne.

Pero, dado que con la edad uno de los temores es la fractura de los huesos y la osteoporosis, especialmente en las mujeres, ¿son los suplementos de calcio una buena opción? Por lo menos, eso es lo que me pregunto cuando debería hacerle la pregunta a un médico, especialmente a la nueva clase de médicos, los gerontólogos, que están muy bien informados sobre las necesidades y las últimas prácticas relacionadas con los pacientes de más de cincuenta años. No cabe duda de que es importante ingerir diariamente la cantidad adecuada de calcio para que nuestros huesos se mantengan fuertes, entre otras cosas. Por lo que he leído, el calcio de los alimentos contribuye a reducir el riesgo de infarto; el de los suplementos, no. Ahora bien, es igual de importante no excederse en la dosis de calcio. De hecho, en un estudio reciente se descubrió que las mujeres que consumían 1.400 miligramos de calcio o más al día tenían más del doble de riesgo de morir de una cardiopatía, y por si eso no bastara, el exceso de calcio aumenta el riesgo de formación de cálculos renales. Genial. Comprueba primero tu densidad ósea y consulta a tu médico. Puede que no necesites más calcio y, por tanto, tampoco suplementos.

Si las excepciones confirman la regla, permíteme que vuelva a hablar sobre la vitamina D. No me importa confesar de nuevo que cada pocos meses aparece un nuevo estudio donde se afirma que determinado alimento o vitamina es fundamental para nuestra salud, y eso me confunde. Los medios de comunicación tampoco facilitan las cosas, puesto que cada pequeño estudio que propone una vitamina, un nutriente o una pastilla milagrosos que prometen mejorar la salud consigue sus quince minutos de gloria. Pero al final, regreso a la vitamina D, tal vez el único suplemento que habría que plantearse y replantearse.

Se ha hablado mucho de esta vitamina para afirmar que muchísimas mujeres presentan deficiencia de ella. Una vez más, para una persona media, una dieta con las raciones correctas que incluya gran variedad de alimentos integrales (que son alimentos naturales, ricos en nutrientes) satisfará la mayoría de necesidades nutricionales del organismo. Y si sales todos los días al aire libre y te da el sol, la producción de vitamina D debería elevarse. Aunque tal vez solo la mitad de lo que crees. Sí, el contacto de los rayos ultravioleta del sol en la piel provoca una reacción química que le indica a nuestro organismo que produzca vitamina D. Pero si usas protección solar (como es debido) o vives en una región septentrional donde no se ve el sol todos los días, lamentablemente la capacidad de tu cuerpo de producir la vitamina se verá mermada.

Mantengo lo que siempre he dicho y los franceses han seguido toda la vida: todo con moderación. Pero puede que un poco más de vitamina D sea una excepción porque es posible que más sea simplemente suficiente. La razón es la siguiente: aunque nuestro cuerpo suele ser bastante eficaz a la hora de extraer lo que necesitamos de los alimentos, la realidad es que no absorbemos adecuadamente suficiente calcio, nutriente fundamental para producir masa ósea y conservar sanos los huesos y los dientes. Es ahí donde interviene la vitamina D, que facilita la absorción de calcio.

Las mujeres sabemos desde hace años que, con la edad, nos enfrentamos a un riesgo mucho más alto de osteoporosis, con el consiguiente aumento de la fragilidad de los huesos, especialmente si nos comparamos con los hombres. Para contrarrestarlo, pasados los cuarenta muchas de nosotras tomamos entre 500 y 600 miligramos de calcio dos veces al día, es decir, un total de entre 1.000 y 1.200 miligramos (nuestro organismo es incapaz de absorber los 1.200 mg de golpe). (Una vez más, una gran parte de esta cantidad es excesiva, y conlleva peligros reales.) Pero aquí interviene decisivamente la vitamina D: ¡Aunque seas diligente en el consumo de calcio, tu cuerpo no obtendrá sus beneficios si careces de los medios para absorber los nutrientes!

El motivo de que podamos tener deficiencia de vitamina D es interesante (y convincente): es una vitamina que no se encuentra en la mayoría de alimentos. En muchas partes del mundo, la añadimos a los cereales, la leche y el zumo de naranja, pero estos productos alimentarios no nos permiten alcanzar la cantidad diaria recomendada. Para que te hagas una idea, la mayoría de mujeres necesita alrededor de 1.000 UI de vitamina D al día para satisfacer la recomendación básica. (He visto cifras muy contradictorias al respecto, pero parece que el promedio es de 1.000 UI y la cantidad mínima, de 200 UI.) ¿Qué cantidad contiene tu bol de cereales? Apenas unas 115 UI. La mayoría de frutas, verduras y carnes presentan cantidades modestas, si es que llegan a tener algo. El pescado salvaje, como el salmón rojo u otras variedades del salmón de Alaska, contiene aproximadamente la mitad de la CDR, pero admitámoslo, nadie puede comer salmón dos veces al día todos los días. Aparte del salmón, la leche, el zumo de naranja y los huevos son ricos en vitamina D. No es solo la comida, o la falta de ella, lo que nos impide ingerir suficiente vitamina D, es el estilo de vida del siglo XXI, que nos lleva a estar en espacios cerrados.

Actualmente muchas pastillas de calcio también llevan añadida vitamina D. Asegúrate, pues, de comprar marcas que contengan por lo menos entre 400 UI y 800 UI, y que sea concretamente vitamina D3 (conocida también como cole-calciferol), la vitamina D más potente. El resto puedes obtenerlo mediante una dieta equilibrada basada en buenos productos alimentarios y mediante la luz del sol.

Si bien con la edad la absorción de calcio es esencial para las mujeres, no es la única razón por la que nos conviene aumentar la ingesta de vitamina D. Muchos estudios médicos han indicado que una cantidad insuficiente de vitamina D puede aumentar el riesgo de cáncer de mama, colon y ovarios. Es un elemento fundamental de nuestro sistema inmunitario, ya que aumenta la salud respiratoria y reduce inflamaciones.

Como gracias a la ciencia moderna vivimos más tiempo, la vitamina D está adquiriendo cada vez más importancia en el proceso de envejecimiento. Su deficiencia puede provocar debilidad muscular, dolores y problemas de equilibrio. ¡De hecho, las probabilidades de que las personas con niveles bajos de vitamina D tengan artritis se multiplican por tres!

Así pues, aunque normalmente pasemos del último consejo del día sobre nuestra salud, parece que la combinación vitamina D y calcio podría ser una notable excepción a la que vale la pena prestar atención.

SUPLEMENTOS HORMONALES

Buenas noticias para los miembros de la generación del *baby boom*. Ser muchos es una ventaja, y el mercado y otras circunstancias harán que cada vez haya más médicos dedicados a ayudarnos y más empresas que investiguen y produzcan productos para facilitarnos las cosas. Algunas ya lo hacen.

El producto más deseado es la píldora de la juventud, pero es más probable que sea una inyección o una crema. Ya hay algunos aspirantes, pero todos ellos presentan peligros considerables.

Estrógeno, progesterona y testosterona

Como todos sabemos, los ovarios de las mujeres producen estrógeno, progesterona y testosterona (solo un diez por ciento, aproximadamente, de la cantidad de los hombres), que alcanzan su máximo nivel cerca de los veinte y hasta entrados los treinta, y después van reduciéndose. Pasados los cuarenta y antes de los sesenta nos llega la menopausia, y con ella, además de los conocidos sudores y sofocaciones, se producen muchos otros cambios: pérdida de la libido, sequedad vaginal y un mayor riesgo de ictus, cardiopatía y lesiones óseas.

Desde hace décadas se ha practicado la sustitución hormonal para mitigar los efectos de la menopausia y recuperar algo más de juventud. Los tratamientos moderados con estrógeno se suelen combinar con la progesterona, una hormona esteroide que contribuye a mantener lubricado el útero y previene la atrofia. Juntas, estas hormonas aumentan la energía y la libido, mejoran el estado de ánimo, la concentración y el sueño, y hasta reducen el riesgo de sufrir ciertas enfermedades como la cardiopatía y la osteoporosis. Ahora bien, el punto de vista sobre esta terapia hormonal ha variado a lo largo de los últimos años, ya que algunos de los riesgos de su uso prolongado (un ligero aumento de las probabilidades de contraer cáncer de mama o de útero, por ejemplo) pueden superar los efectos beneficiosos. Ya no se recomienda la terapia hormonal como prevención de enfermedades, incluido el Alzheimer, pero su uso durante un tiempo breve o prolongado puede seguir siendo aconsejable, ya que sus efectos beneficiosos pueden ser considerables y la relación entre las ventajas y los riesgos resulta positiva para muchas personas.

Dicho esto, en algunos casos aún se está estudiando su conveniencia, especialmente en lo referente a su uso prolongado. Yo no soy médico, así que no quiero dar un consejo, ni tan solo emitir un comentario, sobre todos sus aspectos, riesgos y beneficios. Como mujer de mi generación, he tenido una buena experiencia personal con este «suplemento». Sin embargo, también he vivido los cambios de opinión de los profesionales, y cuando mi ginecólogo se jubiló y acudí a otros, observé posturas muy divergentes entre los médicos que no tenían reparos en expresar su punto de vista. Así pues, averigua y aprende, habla con unos cuantos facultativos y, después, toma una decisión fundamentada.

EL ESTRÓGENO Y YO

A veces, tienes que decidir qué es lo mejor para ti e ir contracorriente. Como diría mi madre: «Ve contracorriente... solo los peces muertos siguen siempre la corriente» o, como dije yo misma en mi libro sobre el trabajo: «No temas asumir riesgos calculados.»

A veces la asunción de riesgos implica valorar mucho los pros y los contras antes de tomar la decisión, ser consciente de los posibles peligros y estar dispuesto a apechugar con las consecuencias. A los cincuenta años, ese infame número mágico que anuncia la «fase de la menopausia», tuve (por lo menos como francesa convencida de que la vida empieza a los cincuenta) que asumir riesgos para mi salud, ¡algo que nunca había hecho y que era bastante distinto de asumir riesgos en los negocios!

Por aquel entonces, era directora general de Clicquot Inc., lo que implicaba jornadas largas seis días a la semana, muchos viajes, *jet lag*, estrés debido a todas las alegrías y dificultades de impulsar la empresa, y mucho más. No es necesario que te diga que mi primera noche de sofocaciones me desagradó, por decirlo suavemente. Había oído infinidad de historias sobre los padecimientos de mis compañeras, y no estaba preparada para convivir con los inconvenientes físicos de la menopausia, tanto de noche como de día. De momento solo era de noche. Desagradable, en efecto, por decirlo de forma suave. *Insupportable* (insoportable) para mi yo sensato.

Fui a ver a mi ginecólogo, un profesional de Nueva York que había nacido y se había educado en Grecia. En las primeras consultas empezaba siempre preguntándome cómo iba mi vida sexual, lo cual me intimidaba. No había duda de que se había integrado completamente a Estados Unidos. Algo así es impensable en Francia. Pero él lo había visto y oído todo, y al darse cuenta de que con una simple mirada yo le respondía que aquello no era asunto suyo, comentaba: «Parece una mujer *bien dans sa peau*... Solo quería asegurarme» (hablaba francés), y a partir de entonces nos hicimos amigos y ya pudimos bromear tranquilamente sobre la vida, sobre las mujeres y, sí, sobre el sexo.

En mi primera consulta relativa a la menopausia me aconsejó, acertadamente a mi entender, una combinación de estrógeno y progesterona... tras describirme bien los pros y los contras de tomar suplementos. Así que me decidí a hacerlo, pero enseguida noté que algo andaba mal, a pesar de que las sofocaciones desaparecieron casi al instante. Le pareció que a mi organismo no le sentaba bien la progesterona (lo encontré lógico) y, aunque no suele recomendarse usar solamente estrógeno, eso fue lo que yo elegí. Su respuesta fue: «Adelante, siempre y cuando efectuemos regularmente una ecografía de control.» (Era también tocólogo y podía realizarla en su consultorio como parte de la visita.) A partir de aquel día volví a sentirme fenomenal, tanto física, como emocional y sexualmente.

Pero entonces, como suele ocurrir hoy en día y confunde a tantas mujeres, otro estudio reveló algunos riesgos asociados a la terapia hormonal. Debido a ello, muchos médicos de Estados Unidos temieron que los demandaran o los acusaran de «mala» práctica médica. Así que mi ginecólogo me anunció que tendría que abandonar mi tratamiento con estrógeno. «Imposible», dije, como la francesa testaruda que soy. No en mi caso. Le aseguré que me responsabilizaría de todo y que le firmaría lo que fuera para que él estuviera cubierto, de modo que aceptó seguir recetándome mi pequeña dosis de estrógeno. En mi seudomédica opinión, todavía no comprendo por qué no recibimos todas las mujeres una reducida cantidad de estrógeno pasados los cincuenta, ya que lo necesitamos y dejamos de producirlo, pero a fin de cuentas, ¿qué sé yo? El caso era que jamás me había sentido mejor.

Lo curioso es que, al año siguiente, mi ginecólogo me comentó que por lo visto yo había tomado la decisión correcta, porque mi estado de salud era excelente, mientras que muchas de sus pacientes se sentían fatal y querían retomar el tratamiento que habían abandonado debido al estudio. Como yo, estaban dispuestas a asumir los riesgos. Y en todos los años que me visitó, y que tomé estrógeno, solo una vez la ecografía mostró algo (que, pasado un mes sin estrógeno, desapareció). Muchas de sus pacientes y yo misma decidimos elegir lo que nos permitía llevar una vida normal, porque no estábamos dispuestas a soportar (ni a infligir a nadie) la «calidad de vida» que conllevan los síntomas de la menopausia. A mí me parecía que valía la pena pagar el precio que implicaba.

Pero ahí no se acabaron mis males. Mi ginecólogo, que ya tenía sus años, se jubiló. Antes de hacerlo me comentó que me costaría encontrar otro ginecólogo que aceptara seguir recetándome el estrógeno (aunque la dosis se había ido reduciendo y reduciendo de forma que ya se situaba cerca del mínimo), y predijo que al final (¡más pronto que tarde!) tendría que dejarlo. Entonces le conté la historia de mi tía Mireille, que vive en Ardèche, en Francia, y a sus ochenta y cinco años sigue tomando algo de estrógeno... lo que le permite lucir un aspecto más propio de una mujer de cincuenta o sesenta (su hija lo confirma). No le sorprendió, y se limitó a mirarme y a decir: «Ah, las Mireille del mundo, menudas mujeres son», aunque no sé muy bien a qué se refería con eso. Fue la última vez que lo vi. Y que conste que no estoy siendo imprudente.

La ginecóloga que me atiende ahora no es del tipo del doctor Milagro, desde luego. Tras muchas «discusiones», me permite tomar estrógeno, aunque ha ido retocando levemente la reducción anual de la dosis para acabar quitándome, a la larga, el tratamiento, ya que según ella es sobre todo para la osteoporosis, y a estas alturas de mi vida no surte efecto. No la creo, y en el momento de escribir esto, nos encontramos en un punto en el que no estoy dispuesta a renunciar por completo a un poquitín de dosis. ¿Por qué?, te preguntarás. Pues porque me siento de maravilla y lo atribuyo, acertada o erróneamente, a la reducida dosis de estrógeno. Quién sabe cuánto tiempo me dejará seguir tomándolo o si querré cambiar otra vez de médico para encontrar uno que me deje seguir haciéndolo. Además, hace poco consulté a un ginecólogo oncológico que me aseguró que una pizca de estrógeno es habitual y segura, y que ha visto tomarla a una mujer de noventa y cinco años. De modo que, de momento, todo me va bien... yendo contracorriente.

Testosterona

Con una historia mucho más corta y una base de usuarias mucho más reducida, añadir testosterona al arsenal antienvejecimiento es algo arriesgado y controvertido. Se trata de otro esteroide hormonal que generalmente proporciona mayor sensación de bienestar y una libido considerablemente mayor. Aumenta los efectos beneficiosos del estrógeno y la progesterona cuando es necesario y puede reducir el riesgo de sufrir determinadas enfermedades, pero posee algunos efectos secundarios no deseados. Y si bien puede resultar inestimable para muchas pacientes, es un fármaco con receta que precisa un estrecho seguimiento médico y análisis regulares de sangre.

Cabe destacar también que la testosterona forma parte de las «curas al estilo de Hollywood» para el envejecimiento, de manera que conviene ir con cuidado con quien aconseja y proporciona información (es decir, famosas). Por otra parte, existe una clase emergente de médicos antienvejecimiento dentro de la gerontología que creen ciegamente en ello, están totalmente convencidos y son agresivos a la hora de hacer recomendaciones (que, por supuesto, coinciden con sus propios intereses económicos). Si vas a ver a un pintor de paredes, te pintará la casa. Si vas a ver a un médico antienvejecimiento, lo más probable es que te recomiende terapia hormonal sustitutiva. No soy médico, y creo que lo mejor es esperar a que se realicen más estudios sobre este suplemento.

Llegamos a la última inyección milagrosa de los famosos de cierta edad... y un sueño de eterna juventud. La hormona del crecimiento (GH), ideada como tratamiento para un crecimiento insuficiente y una deficiencia hormonal en la infancia, es un potente esteroide, prohibido en la mayoría de deportes. No está aprobado, ni tampoco se ha estudiado demasiado como tratamiento antienvejecimiento para adultos.

La GH es polémica. Se asegura que reduce la grasa corporal y aumenta el tono y la masa musculares, mejora el rendimiento sexual, reafirma la piel y mejora el estado de ánimo. Y los indicios entre los deportistas y las ventas en el mercado negro lo demuestran hasta cierto punto.

Ahora bien, se sospecha que provoca efectos a largo plazo, entre los que figuran la cardiopatía y la diabetes. Por otra parte, la comunidad médica considera que acarrea riesgos a corto plazo reales y considerables, como síndrome de túnel carpiano, dolor articular y muscular, e hinchazón de brazos y piernas.

Es evidente que, en las próximas décadas, la lista de lo que yo llamaría medicinas rejuvenecedoras se alargará, será más clara y estará mejor definida y detallada. Pero lo que he aprendido a lo largo de los últimos años es que todo tiene su precio.

Envejecer es un proceso natural, y te engañarás a ti misma si crees que simplemente recuperando los niveles hormonales que tenías a los veinte años lograrás que el aspecto de todo el cuerpo y la salud vuelvan a ser los de tu máximo esplendor físico. O si imaginas que no tendrá consecuencias. Yo no me engaño sobre el hecho de recibir una pizca de estrógeno o una dosis periódica de vitamina D. Sigue atenta: solo los avances científicos esclarecerán de manera definitiva la relación entre los riesgos y las ventajas. De momento, cada invierno, seguiré tomando durante seis semanas lo que lleva años funcionándome por recomendación de mi estilista: un suplemento Nutricap (de la empresa estadounidense del mismo nombre con presencia en todo el mundo, especialmente en Inglaterra y Francia), una pastilla que contiene gelatina, aceite de nueces, algarroba y lecitina, y que me va bien para el pelo y las uñas..., hasta que aparezca un estudio definitivo sobre las penosas consecuencias que se habrán observado en ratones.

11

Esperanza de vida: ¿llegar a los cien años?

¿Quieres vivir hasta los cien años? ¿De verdad? La mayoría de gente a la que hoy en día se le plantea esta pregunta considera que llegar a los ochenta, más o menos, estaría bien, aunque cada vez son más los que opinan que estaría bien llegar a los cien con buena salud. ¿Y tú? Podría ser el momento de recalcular tu edad y pensar en lo que la ciencia médica puede arreglar. En Estados Unidos cada vez hay más personas que contratan un seguro de longevidad, cuya renta vitalicia empieza a cobrarse mensualmente a los ochenta y cinco años.

Si alguna vez has ido a una reunión de ex alumnos muchos años después de terminar los estudios o a alguna fiesta con amigos o familiares de hace mucho tiempo, como yo, seguro que te has dicho a ti misma: «Fulanita se ve realmente bien» y «Menganita se ve... bueno...» A menudo, personas nacidas el mismo año no aparentan la misma edad, y siempre es halagador que la gente nos vea más jóvenes de lo que somos en realidad. Llega un momento en la vida en que la genética y las condiciones ambientales pasan factura; hay quien envejece bien y despacio, mientras que otros no tanto.

Está la edad mental, que es una actitud y algo que podemos esforzarnos eficazmente por mejorar. Tenemos después el aspecto físico, sobre el que poseemos una cantidad razonable de control a la hora de aparentar nuestra edad o un poco menos, desde la ropa o el peinado que elegimos hasta el peso o el uso de productos cosméticos y, tal vez, de cirugía estética. En este sentido, la disponibilidad de dinero facilita las cosas considerablemente.

Pero también dependemos de cómo estamos por dentro, es decir, de nuestra verdadera edad física. Algunas partes de nuestro organismo simplemente se desgastan y revelan su edad. En este libro, hasta ahora me he concentrado sobre todo en medidas preventivas y prácticas antienvejecimiento que contribuyen a que la maquinaria siga funcionando bien, el aspecto físico continúe siendo óptimo y el espíritu se conserve cuanto sea posible. Actualmente hemos iniciado la era posgenómica, y a lo largo de los próximos cincuenta años se adoptará un nuevo enfoque sobre lo que la ciencia y la tecnología pueden hacer para permitirnos vivir bien más tiempo. Adelante con los órganos regenerativos y las sustituciones de partes del cuerpo.

ESPERANZA DE VIDA Y EXPECTATIVAS EN LA VIDA

¿Cómo sales parada en los encuentros de ex alumnos? ¿Estás a la altura físicamente? ¿Cuánto tiempo vivirás?

¿Querrías saber ahora la edad a la que fallecerás? En ese caso, ¿qué harías de otra forma, o quizá qué te gustaría haber hecho de otra forma?

Hoy en día sabemos más cosas que nunca sobre la esperanza de vida. ¿Y de la tuya? En algún momento del periplo vital, cuando empezamos a pensar seriamente en la jubilación, sin decirlo expresamente dejamos de pensar en nuestra edad cronológica en función de los años vividos y empezamos a centrarnos en nuestra esperanza de vida, es decir, en los años que faltan para que muramos. Es un momento aleccionador.

Actualmente dos de las preocupaciones más corrientes que tiene la gente al envejecer es quién cuidará de ella y si tendrá dinero suficiente para mantenerse hasta la muerte. En el mundo desarrollado y en la nueva era de la globalización en que los hijos suelen vivir y trabajar lejos de sus padres, la vieja costumbre de que los hijos se convertían en los padres de sus padres está cayendo en desuso y suele ser, sencillamente, imposible. Este es el caso en Estados Unidos, Francia, China... en la mayoría de sitios. Es algo que preocupa a muchas personas. Además, los padres que en algún momento han sido padres de sus padres no quieren ser una carga para sus propios hijos, y desean disfrutar que prefieren en sus últimos años del estilo de vida. En ocasiones he oído decir: «Quiero morirme de un infarto a los noventa en el salón de belleza.» O también: «Quiero morirme el día que me haya gastado el último céntimo.»

Hoy en día, como la longevidad de la gente aumenta, muchos países han creado redes de seguridad social para la sanidad y la jubilación, pero su coste y sostenibilidad son una preocupación diaria tanto para los individuos como para los gobiernos.

En Estados Unidos, el sistema de pensiones público, llamado Social Security, fue creado en 1935, y los primeros pagos mensuales empezaron a hacerse en 1940. Garantizaba que a los sesenta y cinco años, cuando una persona se jubilara, recibiría (incluido el cónyuge) una razonable suma mensual para vivir decentemente los años que le quedaran de vida. Ahora bien, por aquel entonces la esperanza media de vida de los estadounidenses al nacer era inferior a los sesenta y cinco años. Actualmente, en este país se sitúa alrededor de los 79 en el total de la población, 82 en el caso de las mujeres... y el sistema se está yendo lentamente a la quiebra. En Francia, la esperanza de vida de la población es de 81,5 años, pero actualmente para las mujeres es de 85,3 años al nacer. Sin embargo, la esperanza de vida al nacer no es el único factor a tener en cuenta (me referiré a ello en un momento), y los estadounidenses que se jubilaron en 1940 disfrutaron de la pensión unos trece años aproximadamente.

Pamela, una amiga mía de sesenta años, la semana pasada me contó que siempre había esperado jubilarse a los sesenta y cinco, que era y es una edad habitual, indiscutida y establecida como objetivo en Estados Unidos, al parecer inculcada al nacer. Pero había leído en una publicación que cabía la posibilidad de que llegara con vida a los noventa y había caído en la cuenta de que no quería estar tanto tiempo jubilada, y que de hecho tampoco podía permitírselo, de modo que fijó su nueva edad de jubilación en los setenta.

La esperanza media de vida, una cifra que se usa habitualmente, en realidad es engañosa y, sorprendentemente, no se interpreta bien. Ese número no solo surge del promedio de muchas personas de orígenes y situaciones diferentes, sino que se obtiene realizando la media de hombres y mujeres (y las mujeres viven más tiempo) y, lo más importante de todo, se calcula desde el nacimiento. Una vez que se sobrevive a los factores de la mortalidad infantil, la edad media de la esperanza de vida aumenta. De hecho, por cada año que vive una persona, la esperanza media de vida de su país o de su grupo aumenta, incluida la suya propia.

Fíjate en la palabra «media». Como he dicho con anterioridad, actualmente si una niña nace en Francia, su esperanza de vida es de ochenta y cinco años. Pero eso significa que tiene un cincuenta por ciento de probabilidades de vivir más de ochenta y cinco años. Si llegas a los sesenta y cinco, las probabilidades de que vivas más de ochenta y cinco años son mucho mayores que al nacer o que a los veintiún años. Añade a eso algunos factores individualizados como la salud, la educación, la genética y la raza (los blancos son los que tienen la esperanza de vida más alta), y puedes prever una esperanza de vida todavía mayor.

A partir de datos fiables, así como de supuestos e interpolaciones que he hecho, creo poder decir sin temor a equivocarme que, si estás leyendo este libro, ¡tienes una posibilidad entre diez de vivir hasta los noventa y cinco años o más!

¿Quién quiere vivir hasta los noventa y cinco si se pasa los últimos cinco años sufriendo en lugar de disfrutando; o si, como tememos actualmente, ni tan solo recuerda quién es los últimos cinco años?

Las aseguradoras, las rentas vitalicias, los fondos de pensiones y los planes de la seguridad social gubernamentales están pendientes de los promedios, incluso en lo relativo a nuestras necesidades sanitarias. La mitad que no alcanza la edad media contribuye a pagar por la mitad que sí.

Si quieres envejecer con actitud positiva, muchos promedios, especialmente el de la esperanza media de vida al nacer, no resultan de gran utilidad. Las dos esperanzas de vida que tendrían que interesarte son: (1) tu propia esperanza de vida actual, a veces denominada «esperanza de vida restante», y (2) tu esperanza de años de vida restantes gozando de buena salud.

La Comisión Europea se ha interesado por la esperanza de vida con buena salud (EVBS), que es una forma complementaria de esperanza de vida relacionada con la calidad de vida y los años sin enfermedades crónicas. Creo que las estadísticas publicadas más útiles para todos nosotros son las que calculan la esperanza media de vida a los sesenta y cinco años (o, si existen, a tu edad actual) frente a la esperanza de vida, más general, al nacer.

Así, por ejemplo, en Estados Unidos la esperanza media de vida es de 81,1 años al nacer, pero si actualmente tienes sesenta y cinco años, en tu caso es de 85,4. Esto significa que la mitad de las mujeres de sesenta y cinco años llegarán a los ochenta y cinco o más.

¿Y YO?

Los promedios estadísticos son útiles para establecer parámetros y planificar, sobre todo cuando se manejan poblaciones de considerable tamaño. Pero a la mayoría de nosotros nos interesa una población de una sola persona: yo. *Moi.*

Una especie de regla general de cálculo de la esperanza de vida es la velocidad y la agilidad con que caminas a los setenta y cinco años. Si andas como alguien de la mitad de tu edad más o menos... ya puedes sumarte diez años. Puedes esperar vivir hasta los ochenta y cinco por lo menos.

Cada vez hay más calculadoras de esperanza personalizada de vida disponibles en internet gratis o a un precio módico. Utiliza un buscador para localizar unas cuantas y disponte a hacer un ejercicio interesante. Dedica diez minutos a responder preguntas sencillas sobre ti: sexo, edad, estatura y peso; estado civil y grupo de amigos; estilo de vida en relación con el estrés y los hábitos saludables, o mejor dicho, no saludables, como fumar y comer mal, o el ejercicio físico y la actividad física y mental frecuentes y saludables; situación médica, desde la tensión arterial y el colesterol hasta el historial de enfermedades y afecciones crónicas o el historial médico de tu familia. Después, pulsa *enter* y aparecerá tu esperanza estimada de vida.

Yo lo probé. Creo que debí de mentir sobre el chocolate que como... y dije un poquito menos. La cifra que salió fue 104 años. ¡Caramba!

Me cuesta creerlo, pero lo cierto es que me mantengo en un peso sano, sigo una dieta excepcionalmente saludable, tengo la tensión arterial y el colesterol más que bien, ando y hago yoga todos los días, en mi familia no hay antecedentes de infarto ni de cáncer, y mi madre vivió hasta los noventa y seis. Como dije, ¡caramba! Aunque sean diez años menos de los estimados por «haber hecho trampa dando respuestas optimistas a las preguntas», por pertenecer al margen inferior de la media, por el hecho de que las preguntas no fueran exactamente las que debieran y porque tal vez el cálculo tenga un amplio margen de error... el caso es que vivir con buena salud mucho tiempo es, sin duda, el objetivo y lo que guía las decisiones que tomo ahora.

Afortunadamente, la ciencia y la tecnología ya facilitan mucho las cosas. Tendríamos que poder vivir con más salud, funcionar mejor y ser más felices durante más tiempo que quienes nos precedieron.

BIÓNICAMENTE TUYO

¿Conoces a alguien a quien le hayan reemplazado una o ambas rodillas? Sustituir partes del cuerpo está de moda, y es una técnica que se practica desde hace solo una generación y que mejora día a día. Jane Fonda, la famosa y atractiva actriz nacida en 1937, experta autora de libros sobre ejercicio físico y salud muy vendidos, lleva una rodilla, una cadera y unas cuantas vértebras artificiales.

Yo todavía no me he visto obligada a sustituir ninguna parte de mi cuerpo, solo llevo un par de implantes dentales que me van bien, muchas gracias; pero si los trasplantes y los implantes mejoran la calidad de vida y permiten que el yo

interior aflore, tanto mejor. ¿Sería posible llegar tranquilamente a los ochenta y cinco o los noventa, de modo que puedan encararse sin miedo y convertirse en los nuevos setenta
y cinco? (Bueno, se supone que basta con tener una actitud
positiva para sumar diez años a la esperanza de vida sana.)

Los franceses disponen de muy buenos facultativos y de
una técnica médica avanzada (aunque haya que contar con
los costes y recortes en sanidad a los que se enfrentan hoy en
día muchos países), y pese a que no se muestren tan procli-
ves como los estadounidenses a las acciones invasivas, desde
luego son conscientes de las opciones que existen. Ciertamente, en nuestros planes antienvejecimiento para vivir más
y más sanos, tenemos que conocer todas las posibilidades.
Por ello, a pesar de que no soy médico, repasaré rápidamente lo que tenemos que plantearnos al abordar la vida para envejecer con actitud positiva. En este sentido la ciencia y la
tecnología nos proporcionan medicina prescriptiva, no preventiva; veamos algunas de las formas en que lo hacen... pero
solo las que facilitan el funcionamiento normal y secundan
los años de vida con buena salud (y no son ciencia ficción):

Ojos: La vista es lo primero que se pierde, ¿verdad? Sí,
hacia los cuarenta mucha gente empieza a tener la impresión
de que sus brazos son demasiado cortos o las letras demasiado pequeñas. Existen gafas desde hace siglos, pero ningunas
tan eficaces como las actuales lentes cortadas con láser usando tecnología informática, con accesorios tales como capas
fotosensibles, fotocromáticas y antirreflejantes. Existen lentes de contacto desde principios del siglo XIX, y desde entonces no han dejado de mejorar continuamente. Su uso se
extendió muchísimo gracias a la aparición y aprobación de
unas lentillas blandas que no tenían que quitarse por la noche. La opción de la cirugía láser correctora se generalizó a
finales de los noventa, lo mismo que la cirugía mejorada de
cataratas con láser. La implantación relacionada de lentes in-
traoculares artificiales se ha utilizado habitualmente desde

los años sesenta. Si bien existen varias formas de ojo biónico, aún no existe nada que pueda implantarse y funcionar como un ojo normal. Eso llevará tiempo. Lo más cercano en el futuro, tal vez disponible en unos diez años, es la regeneración de las células ganglionales de la retina a partir de células madre (células que pueden convertirse en otros tipos de células) para reparar la ceguera debida al glaucoma y otras afecciones relacionadas.

Oídos: Quedan muy lejos los días de las trompetillas. Los audífonos son cada vez más pequeños y mejores. Es una buena noticia, naturalmente, porque como todos sabemos, el oído se pierde (el cincuenta por ciento de las personas de setenta y cinco años han perdido algo de oído), y las consecuencias sociales no son buenas. Mucha gente mayor que sufre pérdida de audición no tratada acaba aislándose cada vez más porque le resulta difícil procesar el mundo que le rodea e interaccionar con él. Debido a ello, puede sucumbir a la soledad e incluso a la depresión. Los audífonos solo aumentan el volumen de los sonidos. Si el oído interno está dañado y las células sensoriales no funcionan adecuadamente, la solución suele pasar por un implante coclear, una neuroprótesis que crea un «oído electrónico» saltándose las células dañadas de la cóclea.

Corazón: Casi todo el mundo conoce a alguien a quien le hayan practicado una cirugía de *bypass* coronario que le salvó y prolongó la vida. Desde la década de los sesenta, existe una creciente cantidad de personas a las que se ha injertado una, dos, tres o cuatro venas y arterias de otra parte del cuerpo a las arterias coronarias para mejorar la circulación hacia el corazón. Hoy en día son muy habituales los *stents* para reducir la obstrucción y ensanchar las arterias, lo que prolonga la vida. Además, las válvulas enfermas del corazón se reparan o sustituyen quirúrgicamente, usando materiales artificiales o tejido humano o animal. La operación más importante y menos frecuente para prolongar la vida es, por supuesto, el trasplante de corazón, que lleva practicándose desde 1967 a personas con una cardiopatía grave que corren un riesgo inminente de muerte, llamado eufemísticamente *fase terminal*. Anualmente se llevan a cabo en todo el mundo alrededor de cuatro mil trasplantes de corazón, operación que añade un promedio de quince años a la vida de una persona. Sin embargo, el proceso exige encontrar un corazón sano y compatible, y la demanda supera con creces la oferta. Ello ha conllevado el desarrollo de corazones mecánicos o artificiales, normalmente como paso intermedio hasta que se encuentra un corazón viable. En este sentido, se han hecho avances desde la década de 1980, y en los últimos años se han utilizado con éxito una serie de bombas cardíacas portátiles, entre las que se incluye por lo menos una que se implanta completamente. La sustitución por un corazón artificial es uno de los primeros premios de la medicina moderna, pero actualmente está fuera de nuestro alcance.

Otros órganos: Los riñones son los órganos que actualmente se trasplantan con mayor frecuencia, seguidos del hígado. La medicina de trasplantes, que es indiscutiblemente compleja y supone un auténtico desafío, sigue ampliándose y evolucionando. Además del corazón, los riñones y el hígado, hoy en día también se efectúan con éxito trasplantes de pulmones, intestinos, páncreas y timo, así como de diversos tejidos como tendones, venas, huesos e incluso córneas.

Nuestra piel es a la vez nuestro mayor órgano y un tejido. Desde hace mucho tiempo se realizan con éxito injertos de piel de una parte del cuerpo en otra, sobre todo en casos de quemaduras. Aparte de eso, el futuro ofrece muchas expectativas tanto en el ámbito de la regeneración de órganos como en el de la piel artificial con sensibilidad gracias a una red neuronal de procesadores electrónicos.

Dientes: ¿Usas hilo dental todos los días? ¿Dos veces al día? Es una forma de prolongarte la vida y verte bien, de verdad. Procurar la salud dental, lo mismo que cuidarse la piel, puede marcar una enorme diferencia en el aspecto físico de las personas mayores. El hilo dental previene la enfermedad de las encías, que si se cronifica puede provocar la pérdida de piezas dentales y añadir placa a las venas y arterias, lo que aumenta las probabilidades de presentar una cardiopatía y de sufrir un infarto. Mi madre no lo usaba (¿quién había oído hablar de eso hace cincuenta años?, y aunque me enseñó a cepillarme los dientes, no puedo dar fe de lo que hacía en privado. Lo que sí sé es que, como muchas personas de su generación, sus dientes y encías llegaron a un punto en que la única recomendación era extraer todas las piezas dentales y ponerse dentadura postiza. Y es así como vivió cuatro décadas como mínimo... una dentadura completa que uno se quita por la noche y vuelve a ponerse por la mañana. (Nunca acabó de aceptarlo, ¡y le cambió la sonrisa!) La humanidad conoce los dientes postizos desde hace más de dos mil quinientos años. Las dentaduras postizas completas existen desde hace unos quinientos años, y los dientes de porcelana, desde 1770. Sin embargo, el auténtico avance se ha producido en los últimos veinticinco años, lo que significa que en muchos casos, ya no es necesario llevar una dentadura postiza completa.

También se han utilizado desde hace mucho tiempo las dentaduras parciales, algunas de ellas extraíbles, otras fijadas permanentemente, como las coronas y los puentes que se sujetan en los dientes restantes. Son más estables, claro, y la tecnología ha mejorado su aspecto y la sensación que provocan en la boca.

Con las técnicas de adhesión dental modernas, se pueden poner fundas, poner carillas y blanquear los dientes, y estos procedimientos, junto con la sustitución de las piezas que faltan, contribuyen a gozar de un mejor aspecto facial y una mayor autoestima. Las técnicas modernas de diseño asistido por ordenador producen resultados fantásticos. Naturalmente, los dientes postizos que llenan los huecos de la dentadura contribuyen también a hablar de modo más nítido y natural, y permiten masticar y comer variedad de alimentos. Son, pues, sustituciones importantes, no solo para garantizar un buen funcionamiento mecánico, sino para mejorar la salud de la persona y sus probabilidades de tener una larga vida.

Una vez que tuve un problema fui a dar con un dentista de la vieja escuela que me sugirió, como si tal cosa, extraerme muchos de los dientes adyacentes porque a la larga iban a tener problemas y tendrían que arrancármelos. En esa ocasión me salvó el progreso. Los avances de la tecnología y las técnicas dentales me permitieron salvar las piezas que no tenían demasiados problemas. Para los dos que no pudieron salvarse, dos implantes dentales de la variedad poste y corona han sido milagros de la medicina sustitutiva moderna. Se trata de un auténtico progreso que favorece una larga vida. Ojalá fueran más asequibles y estuvieran al alcance de más personas.

Articulaciones: La práctica deportiva, la artritis y el desgaste natural se han traducido en una cantidad espectacular de procedimientos de sustitución de articulaciones en todo el mundo. La sustitución con éxito de caderas, rodillas, tobillos, codos y hombros es una práctica común que alivia el dolor y mejora la movilidad. Solo en Estados Unidos se efectúan anualmente más de un millón de sustituciones de este tipo. El organismo humano suele compararse con una máquina, y lo cierto es que parece ser realmente así, porque es posible ir al taller para que te hagan una puesta a punto y te pongan una pieza de recambio. La tecnología ha ido proporcionando elementos cada vez más perfeccionados para las prótesis ortopédicas. Las rodillas y las caderas artificiales duran más y funcionan mejor.

EL CASO DE TONY

Tengo un conocido, Tony, a quien le sustituyeron ambas rodillas, una en el mes de diciembre de un año y la otra al diciembre siguiente. Entre la recuperación postoperatoria y la fisioterapia, tardó entre seis y ocho semanas en hacer vida normal y cantar las excelencias de las operaciones. Algo que le resultó extraño fue que antes de su primera operación, tuvo que elegir la rodilla que quería. El cirujano y el médico al que pidió una segunda opinión le mostraron literalmente un catálogo de prótesis y le comentaron los pros y los contras de los productos de los diversos fabricantes. Antes de tomar la decisión final, tuvo las prótesis elegidas en las manos. El año siguiente supuso que simplemente le implantarían la misma articulación artificial de la rodilla en la otra pierna, ¡pero el catálogo de prótesis tenía nuevos modelos mejorados que elegir! ¿Para qué ponerse el modelo del año anterior que, gracias a la ciencia y la tecnología, había sido reemplazado por una versión mejor? Hoy en día camina bien con dos rodillas artificiales diferentes... y está orgulloso de ser un par de centímetros más alto.

Regeneración con células madre: Sin lugar a dudas, el uso y las posibles utilizaciones posteriores de las células madre (una vez más, células que pueden convertirse en células especializadas) para sustituir o regenerar tejidos u órganos humanos ha supuesto un salto espectacular en la medicina sustitutiva y regenerativa. Algún día, seguramente antes de que acabe este siglo, podremos cultivar una oreja en un laboratorio a partir de nuestras propias células. Ya existen vejigas desarrolladas en el laboratorio, y están en proyecto de investigación órganos bioartificiales mucho más complejos. Más asequible aún es la inyección de células madre en partes de nuestro organismo como si fueran plantas de semillero con las que regenerar órganos envejecidos o debilitados.

Si vamos a elevar la esperanza de vida a, pongamos por caso, ciento cincuenta años, no será solo porque podamos cultivar o regenerar más órganos y tejidos del cuerpo desgastados o dañados. (Actualmente, se prevé que la posibilidad máxima de vida es de entre ciento veinticinco y ciento treinta años, aunque no se ha establecido o no puede establecerse un límite fijo.) Será también porque la ingeniería genética permitirá la producción, por ejemplo, de rodillas o corazones más fuertes mediante modificación genética, la creación de mejoradores del rendimiento producidos de forma natural en nuestro organismo a través de enzimas y de proteínas, o la ingeniería celular para proporcionarnos protección e incluso inmunidad ante diversas enfermedades. Hoy, maíz... Mañana, ¿un cerebro nuevo?

Cerebro: Lo siento, no es posible sustituirlo todavía. Pero actualmente se ha logrado que algunas neuronas se regeneren, algo que durante mucho tiempo se consideraba imposible. Y sabemos que los cirujanos pueden lograr efectos espectaculares hurgando en nuestro cerebro, como calmar los temblores asociados con la enfermedad de Parkinson, por ejemplo.

¿A QUÉ EDAD SE ES VIEJO, O DEBERÍA DECIR «MAYOR»?

Tal como la generación anterior pensaba que se era viejo a los sesenta y cinco años, hoy en día mucha gente considera que se es mayor a los ochenta. Gracias a la ciencia y la tecnología, la nutrición, el ejercicio físico, el estilo de vida y los medicamentos, es muy posible que la próxima generación considere que se es mayor a los noventa y cinco o cien años...

Bueno, sí, que se es viejo. Francia ya cuenta con diecisiete mil centenarios, de los que dos tercios son mujeres, y esta categoría de más de cien años aumenta rápidamente.

En la actualidad, las dos principales causas de muerte tras la adolescencia en todo el mundo son el cáncer y las cardiopatías. Y los dos impulsores principales del aumento de la longevidad son una mayor conciencia y un mejor tratamiento de estas causas.

Según la Organización Mundial de la Salud, el treinta por ciento de cánceres podría prevenirse. Y, afortunadamente, a lo largo de mi vida, la recuperación del cáncer de mama ha mejorado muchísimo, con un aumento de las expectativas de vida para las mujeres en la mayoría de países. Aun así, el cáncer de mama se cobra demasiadas vidas al año, especialmente en los países en vías de desarrollo. Si bien en el mundo occidental los índices de supervivencia son elevados (más del ochenta por ciento), no es aceptable que no se llegue al cien por cien de curaciones, por lo que seguimos recurriendo a la ciencia y a la medicina en busca de ayuda. Sin embargo, como la detección precoz es fundamental para obtener los mejores resultados en todos los tipos de cáncer, tenemos que recurrir primero a nosotros mismos para evitar acabar convertidos en un dato estadístico.

La esperanza de vida seguirá aumentando a lo largo de los próximos años. Algunas estimaciones sugieren que la esperanza media de vida prevista para las mujeres japonesas en 2050 será de cien años. Nunca se sabe. Las perspectivas de los implantes de órganos artificiales, órganos regenerados a partir de células madre y la ingeniería genética son ilimitadas. Por consiguiente, cada vez hay más personas que pagan para que mantengan su cuerpo en «suspensión criónica», es decir, congelado, con la esperanza de ser reanimadas al cabo de cien o doscientos años, o cuando la ciencia disponga de curación para el mal que las aquejaba (¡incluido cómo descongelarlas!).

Actualmente, para la mayoría de nosotros el reto sigue siendo no el hecho de vivir mucho tiempo, sino de vivir bien. ¿Cómo aumentamos las probabilidades de gozar de una vida más amplia, larga y sana? La ciencia y la tecnología van camino de hacer realidad los cien años de vida con buena salud.

12

Amar, reír, trabajar

Según el periodista y novelista indio Tarun J. Tejpal, hay dos cosas que nos salvan en la vida: el amor y la risa. Si tienes una de estas dos cosas, todo va bien. Si las tienes ambas, eres invencible. Esto sí que es una actitud positiva.

No sé exactamente cuándo ni cómo empezó, pero desde hace más de un año, me he aficionado a las bromas y los chistes por correo electrónico de amigos franceses de todo el mundo. A veces esta afición me ha llevado a romper una norma personal: nada de e-mails antes de la rutina matutina y del desayuno. Que haya empezado esta nueva costumbre obedece a que a menudo las bromas me hacen reír a carcajadas, y la risa es una medicina excelente. ¿Quieres vivir más tiempo? Ríe mucho y a menudo.

Los resultados de los estudios científicos demuestran que la risa mejora nuestro estado de ánimo, reduce la tensión arterial, mejora la circulación y el sistema inmunitario e incluso reduce el colesterol malo. Así pues, a mi modo de ver, la risa ocupa un lugar destacado junto con la prevención (ya sabes, «a diario una manzana es cosa sana»). ¿Qué es lo peor que puede pasarme si leo uno o dos chistes antes de tomarme una taza de café? ¿Morirme de risa?

Como supongo que hará la mayoría de mujeres, mantengo varias cadenas de e-mail y conexiones con pequeñas redes sociales y personales, lo que sin duda me permite tener una actitud mental probablemente más saludable que sin ellas. Este reducido grupo bromista francés es de lo más curioso. Para empezar, porque parece pasar por mí, aunque no sé contar chistes. Sé contar historias, pero jamás he sido de esas personas que recuerdan o repiten con gracia un chiste tras otro. Tal vez debido a ello me he convertido en una dinamizadora y en un centro de comunicaciones, reenviando chistes de aquí para allá, y añadiendo comentarios en la barra lateral. Y según el chiste, puede traer a una o dos personas más de mis otras redes a este acogedor círculo. Es curioso, porque este grupo eligió espontáneamente estar formado exclusivamente por francófonos, todos ellos de más de cuarenta años, y si bien nos mostramos muy abiertos en los temas de los que nos reímos, también somos muy franceses a la hora de reírnos de nosotros mismos y de gastar bromas sobre el envejecimiento.

No puedo afirmar que todos los chistes sean brillantes (aunque algunos lo son) o que no haya muchos que sean tontos (también existen muestras de ello). Aunque un buen porcentaje de los chistes aborda algún aspecto más bien universal, para entender otros «tienes que saber de qué van», lo que significa que has de haber nacido y haberte criado en Francia. Algunos son simplemente ideas compartidas sobre las cosas absurdas de Francia o del mundo entero hoy en día. No es un secreto que en ocasiones los franceses tienen una forma de plantearse las situaciones que puede resultar arrogante y agresiva, expresando opiniones que en otras culturas la gente suele callarse. Pero para los franceses hay una forma irónica de ver las cosas con sentido del humor, y nadie se lo toma en serio.

Como francesa, puedo asegurarte también que aunque nos gusta *râler* (refunfuñar o expresar nuestro disgusto porque nos encanta discutir, es decir, «filosofar»), nos molestan los quejicas y no soportamos esa especie de parálisis en que se sumen algunos porque no están contentos con las decisiones que han tomado. Nosotros pensamos: «Venga, procura mejorar.» Te aseguro que algunas mañanas me río tanto que me duelen los costados: para entonces, ya he superado una prueba aeróbica.

Algunas de las notas simplemente te hacen sonreír o encogerte de hombros. Puedo encontrarme con cosas del tipo: «A partir de cierta edad, si no te duele nada... es que estás muerto.» O: «Los años no cuentan, a no ser que seas un queso (francés)» (este es uno de los chistes para los que tienes que ser francés). O algo más genérico: «Me es imposible decirte la edad que tengo porque no para de cambiar» o *«Il est sur la liste rouge»* («Es un número privado»). Sé que tal vez no son grandes chistes, pero resultan graciosos. «Dios hizo bien las cosas, porque cuando las arrugas van a más, nosotros vemos menos.»

En la mayoría de culturas la gente se ríe, abierta o encubiertamente, de sus políticos, su burocracia y su gobierno. Como hoy en día Francia parece estar marcando tendencia en cuestión de burocracia de poca monta y políticos tragicómicos, hay que conocer los personajes y los juegos de palabras para captar el humor malicioso que representa la medicina diaria que me llega. Las bromas sobre la edad requieren conocer la actitud de los franceses ante el envejecimiento, una actitud basada en el respeto y la aceptación.

Hace poco una amiga parisina que ronda los setenta nos envió a unos cuantos (todos franceses) un texto sobre la edad que el anecdotista y filósofo francés Bernard Pivot había escrito, y la primera reacción (aparecíamos todos copiados) llegó de su mejor amiga (diez años más joven), que dijo: «Magnífico... y por cierto, hola, abuelita.»

Estoy segura de que soltó una carcajada al leerlo. Yo lo hice, y no me cabe duda de que todos lo hicimos, porque todos sabemos lo mucho que se ha esforzado en envejecer...

con actitud positiva. La respuesta era ingeniosa y respetuosa. Y otro añadió: «*Vivre c'est vieillir rien de plus*» («Vivir es envejecer, nada más»), una cita de Simone de Beauvoir. Y estuvimos un rato siendo filósofos de sofá o, simplemente, siendo franceses. Excepto yo, que reservé esa parte para después del desayuno.

Somos franceses y seres humanos, así que, como podrás imaginar, el contenido de las bromas y los chistes es a menudo de naturaleza sexual. Un día abrí un chiste en el que aparecían dos tortugas gigantes en una playa, y el macho decía a la hembra: «Hagamos otra vez el amor.» Y la hembra le respondía: «¡Me alegra que me lo pidas! La última vez fue hace ciento cincuenta años.»

Otro participante envió una broma del humorista francés Guy Bedos, quien a los cincuenta y nueve afirmó: «Lo que me consuela de tener que soplar pronto mi sexagésima vela es que la palabra sexagenario incluye la palabra *sex* (sexo).»

¿Cómo conservas el sentido del humor en tu vida? Con la edad, el sentido del humor es importante, tanto mental como físicamente. Nos cambia la cara.

SEXO

Como verás, he pasado hábilmente de hablar de los beneficios de la risa para envejecer a mencionar el inevitable tema del sexo. Permíteme reiterar que toda publicación que contiene un artículo orientado al arte de envejecer bien o con elegancia (¿qué tal con actitud positiva?) pregona a los cuatro vientos que una vida sexual saludable hasta una edad muy avanzada mejora la salud y puede alargar varios años la vida de una persona. Por supuesto, las publicaciones utilizan un lenguaje mucho más gráfico para expresar estas ideas.

Catalogar el sexo de poción antienvejecimiento se ajusta a la verdad y es atractivo. Sí, los orgasmos reducen el estrés, te ayudan a dormir mejor, son un buen ejercicio para el corazón y favorecen que vivas más tiempo y que tu vida sea más gratificante. Añadir aquí estadísticas que respalden estas afirmaciones sería casi cómico. Si las necesitas, están ahí... incluidas algunas explicaciones biomédicas de por qué te sientes mejor. Y estamos hablando básicamente de sexo, no de amor, en todas sus dimensiones.

Hay algunas cuestiones. ¿Cómo despertamos la excitación sexual en una relación de muchos años? ¿Cómo abordamos la reducción de la libido tras la menopausia? O incluso, ¿cómo abordamos el sexo cuando se vuelve más difícil con la edad? Sencillamente, la respuesta es encarar estas cuestiones porque son importantes. Me gustaría poder contaros alguna historia jugosa. Pero están en el otro libro... en el que no estoy escribiendo.

Mi amiga Gaby tomó una expresión de Jeanne Moreau y la convirtió en otra que comparto plenamente: el sexo es como una sopa; las primeras cucharadas están demasiado calientes, las últimas pueden estar demasiado frías, pero a los franceses nos encanta una deliciosa *vichyssoise* en cualquier momento.

El sexo tendría que estar integrado en todas y cada una de las etapas de nuestra vida adulta. Es importante crear espacio para el deseo (cuando somos jóvenes, estamos cansados; después aflojamos el ritmo, etcétera). Prohíbete las excusas y aprende que el sexo exige también cierta preparación y no debería quedar relegado a un mero ocio en la vida madura. Encuentra formas de erotizar la vida diaria y sé un poco *coquin(e)* (pícaro/a). La secreción de endorfinas durante el sexo mejora el estado de ánimo y aumenta la eficiencia (¡incluso en el trabajo!).

Sin duda, todos hemos oído alguna simpática historia sobre una mujer de noventa y dos años que se casa con un hombre de ochenta y siete en alguna residencia de ancianos y se jacta de su vida sexual. Bien por ellos, bien por la ciencia y por las ventas de Viagra.

Ojalá supiera qué piensan los hombres franceses del Viagra. Pero no lo sé, y no puedo encontrar una respuesta verídica. «Viagra, ¿qué es eso? ¡Ja, ja, ja!» Los hombres franceses consideran el sexo una institución nacional que deben proteger. Pero el Viagra es un elemento que transforma nuestra vida. Estoy segura de que otorga a los hombres suficiente confianza para ser tiernos, románticos y sexuales. Más importante aún, creo que les concede la capacidad de seguir soñando, de ejercitar y celebrar la imaginación, de tener esperanza y disfrutar de la vida. No cabe duda de que eso beneficia tanto a los hombres como a las mujeres.

La forma en que las bromas se entrelazan con el sexo está relacionada con el poder de las relaciones. Y, con la edad, las relaciones son lo que realmente nos permite vivir bien, ¿no?

ANCLAJES

Como mujer de negocios que había ascendido en un sector predominantemente masculino, a menudo me pedían que hablara a mujeres que intentaban compaginar su profesión con su vida personal sin sacrificar demasiadas cosas de lo uno por lo otro.

Les decía que yo creía en cuatro anclajes, como los contrapesos que fijan las carpas de los mercados al aire libre de Francia o de Union Square, donde compro, en Nueva York. Estos cuatro contrapesos nos mantienen firmes, equilibrados y resguardados: (1) buena salud; (2) una buena red social de amigos y familiares; (3) una sólida situación laboral, y (4) tiempo, espacio, normas y prácticas para ti. Explicaba: «Funcionan juntos, interaccionando a veces de formas misteriosas, y los anclajes más fuertes compensan los más débiles, pero entonces la tensión se hace patente. Si pierdes uno de los anclajes, te quedas ondeando al viento sin equilibrio.»

Cuando me planteo envejecer con actitud positiva, es evidente que los chistes y el sexo son beneficiosos para nosotros, pero (1) la salud es el anclaje. Los chistes y el sexo se limitan a añadir peso a ese anclaje. He dedicado largos pasajes de este libro a presentar mis planteamientos y mis puntos de vista actuales sobre la conveniencia de adoptar prácticas saludables con la edad. Es indudable que (2) una buena red social de amigos y familiares es absolutamente imprescindible para la calidad de vida a una edad avanzada, pero las redes evolucionan con el tiempo y, por supuesto, se adaptan al usuario. (3) El trabajo o una actividad que nos importe nos ayuda a tener motivaciones durante el día (profundizaré al respecto un poco más adelante, en este mismo capítulo). La idea de (4) tiempo, espacio, principios y normas para uno mismo es, sin duda, un anclaje más fácil de entender, aceptar y lograr a medida que avanzan los años que en la etapa formativa de una persona. Abarca desde tomar esas clases de pintura que siempre quisiste o mirar religiosamente algún programa televisivo hasta seguir suscrito o abonado a (añade lo que sea, desde revistas, teatros de ópera o equipos de competiciones profesionales hasta la cuota de socio de un gimnasio, un club...) o hacer las vacaciones anuales o semianuales pase lo que pase. ¿Ir a la peluquería todos los viernes? ¿Por qué no?

RELACIONES

Entre los anclajes más fuertes de la vida se cuenta, por supuesto, un buen matrimonio. En este sentido, los hombres lo tienen un poco mejor que las mujeres. Los hombres casados viven más que los solteros. No es difícil imaginarse por qué. Así que, si llevas la cuenta, añade un año o dos a la esperanza de vida de tu pareja.

Como sabemos, las mujeres suelen sobrevivir a sus maridos o, en ciertos casos, divorciarse de ellos. A diferencia de los hombres, que no llevan los divorcios tan bien como las mujeres en cuanto a esperanza de vida se refiere, las divorciadas viven tanto como las casadas. Para una mujer sin pareja, la clave de una vida larga, con buena salud y placentera es tener relaciones gratificantes. No son lo mismo que estar o haber estado casada, por supuesto, pero pueden proporcionar lo necesario para estar sana y ser feliz.

Las personas que tienen relaciones significativas están más sanas y, por tanto, viven más tiempo. ¿Cómo son tus relaciones? Es importante estar relacionado, y eso exige esfuerzo. Hay que renovar y conservar las amistades, y establecer otras nuevas. Las relaciones con un cónyuge, con miembros de la familia y con amigos de todo tipo (y va en serio, incluso con mascotas) tienen un efecto positivo.

Si quieres vivir más tiempo, desarrolla tu red social y tus relaciones, y verás cómo se reduce tu estrés, desaparece tu depresión (o ni siquiera llega a presentarse) e incluso aumentan tus comportamientos saludables. Los amigos, sin duda, te ayudan a reír. Pero tienes que poner empeño en desarrollar y mantener tu red social. Llama por teléfono, envía un mensaje o un correo electrónico. Sé quien organiza un almuerzo. Propicia una situación y un ambiente en el que tus amigos inviten a otros amigos para que te conozcan. No te limites a relacionarte con tus amistades de siempre, relaciónate con los amigos de tus amigos y crece.

Evidentemente, con la edad, el cónyuge es lógicamente el mejor y más íntimo amigo de una persona. Un cónyuge es quien está ahí para dar ánimos, para ayudar a resolver los problemas, pequeños y grandes, para ayudar a ser positivo. Y, como ya he mencionado, mantener una actitud positiva añade años de vida con buena salud.

AMOR, TERNURA, AFECTO

Del mismo modo que hoy en día las condiciones ambientales influyen más que la genética, a veces la cultura es un comodín a la hora de asumir el envejecimiento con actitud positiva. Tomemos el amor y el sexo, por ejemplo. Las actitudes son diferentes en Francia que en la mayoría del mundo. Viva la diferencia, o *vive la difference*, como diríamos nosotros. En un célebre estudio sobre franceses y estadounidenses de cierta edad, se reveló que el ochenta y tres por ciento de los estadounidenses consideraba que «puede existir el amor verdadero sin una vida sexual esplendorosa», mientras que solo el treinta y cuatro por ciento de los franceses lo creía posible. En mi opinión, esto sirve para explicar la actitud francesa de respeto (considerado un valor primordial), deseo, seducción, sensualidad y belleza en relación con las mujeres de cierta edad. Y los resultados del estudio indican que la capacidad imaginativa es un ingrediente inestimable para envejecer con actitud positiva.

Sin embargo, el amor y una relación duradera suponen, por supuesto, mucho más que una cama revuelta. A menudo me piden que explique mi largo y sólido matrimonio.

Siempre he estado convencida de que el amor, el respeto, la confianza, la generosidad, la comunicación, la ternura, algunos valores comunes y el sentido del humor son ingredientes básicos para una buena relación, pero en lo que se refiere a la nuestra, destacaría la cuestión de la amistad, la fidelidad y la lealtad. Por mi parte, un curioso elemento adicional ha sido que la inteligencia superlativa de mi marido sigue intimidándome un poco. Diana Vreeland habló sobre esta clase de sentimiento al describir una relación en la que seguía «sintiéndose cohibida». Sé que ese factor me mantiene alerta, que añade un aire de misterio y de sorpresa a la relación y que mantiene la llama encendida y viva. Cada uno tiene sus diferencias, y un matrimonio entre dos culturas representa, desde luego, un mayor desafío, pero también es muy gratificante y enriquecedor.

Tengo una amiga casada desde hace más de treinta años a quien le gusta decir que la clave de un buen matrimonio es tener cuartos de baños separados. Prefiero pensar que Helen Mirren, que convirtió una larga relación en un matrimonio tardío, ha captado una clave más importante y coincide conmigo: «Las personas se unen por motivos distintos al sexo, y aunque este es importante para la mayoría de parejas, no es lo que hace durar un matrimonio. Creo que la fuerza del compañerismo en el matrimonio no está lo suficientemente reconocida en nuestra sociedad. Eso es lo que hace que un matrimonio funcione.»

Esforzarse en envejecer con actitud positiva requiere, por supuesto, una «buena» soledad, que ha de ser espiritual y feliz. Se precisa cierta introspección para comprender y darse cuenta de que el encanto y las emociones no envejecen, y que no es necesario que hablemos o hagamos siempre cosas juntos para sentir la presencia del otro. Simplemente estar cerca de un ser querido puede ser un consuelo emocional tranquilizador. Existe una ternura asociada con un matrimonio duradero y con una larga vida. Muchas veces vemos en las películas que una persona de avanzada edad y muy enferma cuida de la otra a pesar de las dificultades y de las situaciones adversas. Pero, hoy en día, si nos preparamos y tomamos medidas preventivas, podemos pasar años envejeciendo juntos con buena salud. Aunque evidentemente, la mala salud en ocasiones queda fuera de nuestro control... Envejecer conlleva pérdidas; ahora bien, no son tan dolorosas ni tan traumáticas como en periodos anteriores de la vida. La pérdida de los padres, de un hermano, o bien, horror de los horrores, de un hijo es casi irreconciliable. Si vives hasta una edad muy avanzada, la pérdida se acepta como parte de la vida. Forma parte del juego.

No debemos olvidar, por otra parte, el poder curativo del tacto como remedio antienvejecimiento. Los roces, las caricias y los besos durante el día marcan una diferencia. Todo lo táctil parece hacerlo. Los masajes son buenos para la circulación y la tranquilidad cerebral, lo mismo que algo tan sencillo como acariciar una mascota. A mi amiga Daniele, de sesenta y cinco años, le gusta decir: «Media docena de contactos físicos al día constituyen un buen mantenimiento; una docena... bueno, eso es otra cosa. ¡Ja, ja, ja!»

En cuanto a las redes de amistades, vale la pena destacar que al llegar a edades avanzadas, tratar con amigos de ideas y edades afines es a veces más valioso incluso que tratar con la familia, por lo menos en algunos casos. Son personas con las que puedes contar y comentar las exigencias de la edad con experiencia y compasión. Pero por más que sea bueno tener amigos de cierta edad en el círculo de amistades, creo que es igualmente importante tener amigos más jóvenes (aparte de los nietos). Varias personas me han comentado que tener demasiados amigos entrados en años es aburrido, porque muy a menudo la edad y la salud se convierten en temas repetitivos. Yo procuro que en mi círculo de amistades haya gente más joven. No solo puedes compartir con ellos las lecciones que hayas aprendido, sino que te mantienen al día y te llevan a pensar en el futuro. La gente jóven es positiva en un mundo en el que la actitud positiva gana..., por lo menos gana más tiempo de calidad.

OCUPACIÓN

Pero ¿qué hay del anclaje de la situación laboral sólida? Yo sigo creyendo en él. No me siento cómoda con la estabilidad de un taburete de tres patas en la vejez, cuando nuestro equilibrio ya no es lo que era. A mi entender, una clave para atacar la vejez con actitud positiva en los años de jubilación es «seguir ocupado». Es decir, encontrar alguna «ocupación» y no limitarse a dejar pasar los años. Durante más o menos un tercio o la mitad de la vida de una persona, una ocupación significaba trabajar por un sueldo, o quizá cuidar de la familia. Daba motivos para levantarse por la mañana y planificar y esperar con impaciencia algunos hitos.

Por supuesto, algunos jubilados se organizan la vida según los horarios de sus hijos, y especialmente de sus nietos, y los lugares donde están, pero me pregunto si eso ha de ser realmente gratificante. Si funciona, fabuloso, pero sospecho que para ciertas personas es una puerta abierta al sufrimiento y al desequilibrio. Sirve también para recordar que hay que crear una amplia red de relaciones como parte de tu anclaje.

Comprendo y admiro a los «jubilados» que ya no tienen que trabajar más para ganar dinero (aunque estoy segura de que un poco de dinero extra siempre viene bien), pero que deciden trabajar en la caja registradora o los pasillos de un supermercado para poder estar con la gente, con compañeros de trabajo y tener un horario que les recuerda que no todos los días son sábado. Da igual si eran directores generales o comerciales; les va bien trabajar de voluntarios en un hospital, en una biblioteca o donde sea. A estas alturas de la vida ya saben quiénes son. Eso es lo bueno de la edad avanzada.

Dada la situación económica actual, algunas personas necesitan trabajar mientras les sea posible para mantenerse económicamente, por lo que encontrar el anclaje de la ocupación equivale a dar con un empleo compatible con la salud, la resistencia física, las aptitudes actuales y la perspectiva mental de la persona. Cuando consiguen uno, suelen quedarse en él, encantados. Una vez más, se trata de buscar el equilibrio y de sentirse bien en su propia piel.

La convicción de que era necesario crearme este anclaje surgió al darme cuenta de que la vida se compone de episodios y etapas. Los episodios son breves fases de acontecimientos o capítulos aislados que se van desarrollando. Las etapas son más largas, inevitables, cronológicas... La infancia es una etapa. Igual que la jubilación. ¿Qué haría después de trabajar en LVMH y Clicquot? Hay personas que jamás se jubilan o semijubilan, como los abogados, que tienen abierto el bufete hasta bien entrados los noventa. Es una forma de abordar la necesidad real de una cuarta pata para estar cubierto.

Yo pensaba en términos de un tercer acto. ¿Acaso tendré que plantearme un cuarto acto? ¿Por qué no? Shakespeare escribió las mejores obras de la historia en cinco actos.

TERCER ACTO Y MEDIO, Y SIGO

Con independencia de la edad, es vital conservar los sueños. Seguir soñando es una forma de concentrarnos en la «siguiente» fase y etapa de nuestra impresionante longevidad;

lo que solíamos llamar «tercer acto» revela ahora un cuarto acto. Como no siempre es fácil pasar de una fase a la siguiente, como adquirir una nueva libertad, muchos de nosotros tenemos que contar con alguna estructura vital para evitar el caos y la confusión. No es inusual encontrar una nueva vitalidad pasados los cuarenta, los cincuenta o los sesenta, pero no siempre sabemos cómo canalizarla eficientemente. Los periodos de transición son todo un reto porque tenemos que redefinirnos y restablecer nuestras prioridades, y nadie más puede hacerlo por nosotros.

Mi propio «tercer acto» es un buen ejemplo de ello. Yo, desde luego, jamás imaginé que algún día sería escritora o autora. Aunque, de hecho, una vez estuve metida en ello, me di cuenta de que sí lo había imaginado, aunque solo unos pocos años, y únicamente porque mi madre lo pensaba y me influenció.

En la secundaria se me daban muy bien las clases de redacción en francés, más que nada porque tenía un profesor fabuloso (creo que estaba enamorada de él y él lo sabía). No era atractivo ni joven, pero le apasionaba la escritura, la lectura y la literatura (había publicado un par de novelas) y tenía una forma maravillosa de enseñarnos a analizar un poema o el personaje de un libro. Esperaba ansiosa sus clases (una hora, cinco días a la semana). Maduré muchísimo en su clase, y a partir de entonces, cada vez me gustó más la literatura. «Puede que algún día escriba historias», recuerdo haber pensado.

Fue mi padre quien sentó las bases al enseñarme a leer y a escribir cuando tenía cinco años y despertar mi curiosidad por otras culturas a través de la geografía, aprendiendo (como muchos niños franceses, por lo que tal vez fuera un truco de la época) las capitales de los principales países y su situación en el globo terráqueo. Durante la secundaria, mi madre aseguraba que si de joven ella hubiera tenido la misma oportunidad que yo, se habría esforzado mucho en conseguir la única medalla que valía la pena ganar, la de las Artes y las Letras, y que esperaba que algún día yo alcanzara este logro. Lo decía al ver los elogios que yo recibía por mis «disertaciones» (redacciones), ya que los cumplidos rara vez formaban parte de mi sistema de apoyo educativo. En cualquier caso, el «sueño de ser escritora» quedó guardado en una cajita y olvidado cuando decidí estudiar idiomas en París después de pasar un año en Estados Unidos en un intercambio escolar.

Más adelante, me dediqué a los negocios, y aunque tenía que redactar informes, comunicados de prensa y correspondencia, jamás pensé en ello como en escritura. No fue hasta después de los cincuenta, cuando un agente me consiguió un contrato para *Las francesas no engordan*, y el libro se convirtió en un éxito de ventas, que sonó el timbre y el sueño regresó. Estoy segura de que muchas mujeres tienen historias parecidas sobre determinados sueños que dejaron aparcados, hasta que llega un día en que las asaltan de nuevo. Como en el mercado inmobiliario, ¡todo depende del sitio y del momento! En mi caso, eso significó reorientarme profesionalmente, ya que era evidente que no podía combinar mi jornada diaria como directora general, y al mismo tiempo escribir y promocionar mi libro (o mis libros). Lo interpreté como una señal y una oportunidad de cambio laboral. En cierto sentido, me gusta decir que mi tercer acto me fue servido en bandeja de plata. Trabajar supuestamente a tiempo parcial era tentador, porque así dispondría de tiempo libre. Pero no empezó del todo así..., en realidad más bien parecía que estaba trabajando jornada y media.

¿Fue fácil la transición? Sí y no. En el aspecto positivo, ya no tenía que ir a ningún despacho, ni trabajar diez o más horas al día, asistir a reuniones, viajar más de lo que quería, ir a sitios que a menudo no me apetecía demasiado visitar, estar a las órdenes de nadie, ni cumplir con las otras muchas obligaciones que eran inevitables en una empresa que formaba parte del grupo de lujo más importante del mundo. En el aspecto negativo, todo fue un poco más sutil: al principio, no tenía tiempo para pensar y analizar, sino para mirar atrás, ya que escribir era exigente y agotador. Además, tuve que viajar para promocionar el libro, conceder entrevistas, hacer sesiones fotográficas, dar conferencias, ir a programas de radio y televisión, crear un sitio web y mantenerlo (y, después, tener Facebook, Twitter y las demás redes sociales que se esperan de un escritor hoy en día). Aunque todo era apasionante, también resultaba agotador.

Lo más insidioso y doloroso es que una vez lanzados los cuatro primeros libros, las promociones y las charlas me alejaban de casa y de mis amigos mucho más de lo que habría deseado y me dejaban muy poco tiempo para mí misma. Sí, escribir supone un motivo para levantarme por la mañana (el hecho de tener un contrato con una fecha de entrega también ayuda); sí, me hace pensar y soñar; sí, me llena meses, hasta años seguidos el calendario, pero no deja de ser una clase distinta de «trabajo, trabajo, trabajo». ¿Diez horas en la oficina? Para un escritor, el trabajo es su vida. Olvida las horas. A veces te quedas atrapada en el «estado de adrenalina» de ser un autor: conocer a tus lectores y toda la actividad, algo de nervios y los plazos de la editorial. Además, todavía no había aprendido a decir que no con soltura y fui asumiendo cada vez más proyectos secundarios hasta que fue evidente que ya no podía llevarlo todo como yo quería. Sin tiempo para hacer pausas, sin tiempo para hacerme preguntas. Es curioso lo que nos impulsa a seguir adelante. Seguimos corriendo hasta que alguna señal nos indica que hemos de parar. Estaba cansada, a veces abrumada por todo el trabajo, y a menudo desconcentrada. No era una sensación agradable. Creo que el término técnico es «reventada».

No fue hasta después del cuarto libro, cuando me presionaban por todas partes para firmar el contrato de los dos siguientes, cuando decidí por mi cuenta y riesgo dar un paso drástico tomándome todo el verano libre para pensar en la etapa siguiente, pero sobre todo para descansar y recuperarme. ¿El tercer acto y medio? Estaba agotada física y emocionalmente. Mis libros se han publicado en treinta y siete idiomas y en muchos más países, ¡y no tenía ni un momento libre sin las preguntas, las solicitudes, las oportunidades y las responsabilidades relacionadas con mi trabajo como escritora! (Algo por lo que estoy muy agradecida, ni que decir tiene.) Me parecía que era ayer cuando estaba en el mundo empresarial, y sin embargo, sin darme cuenta, ¡habían pasado cuatro años! Sí, me lo estaba pasando de maravilla, pero también me sentía totalmente extenuada y a veces agobiada, y supe que había llegado el momento de replantearme las cosas.

Aquel verano tuve el privilegio de pasarlo en nuestra casa de la Provenza, y fue revelador: por primera vez no tenía ningún artículo, libro ni informe que escribir; ninguna responsabilidad, ni largas jornadas ni viajes. El tiempo es, sin duda, el mayor de los lujos. Lo único que tenía que hacer era disfrutar, pasar tiempo con mi marido, cuidar de quienes nos visitaban y hacer lo que me apeteciera. Tenía la libertad de ser yo. Siempre creí que llevaba una vida fantástica y rica hasta aquel verano, la primera vez desde la universidad en que disfruté de todo un verano de vacaciones. Maravilloso.

Los años de vivencias me daban más sensación de libertad, seguridad y confianza en mí misma que nunca. Descubrí que mi nueva vida social, la generosidad y los nuevos objetivos aportaban una enorme cantidad de tranquilidad y felicidad a mi estabilidad emocional, sabiduría y experiencia. Era como la infancia o la adolescencia, pero sin sus desventajas. Sí, ya lo creo, aprendes a vivir con tus propias limitaciones, pero eso es aplicable a muchas etapas de la vida, especialmente pasados los cincuenta. Para mí, lo mejor fue aprender a decir no, no y no a todo tipo de cosas a las que habría sido incapaz de negarme, como ir a comer con alguien que no me interesaba, asistir a un acto que no me apasionaba, etcétera. Aquel verano «el tiempo fue mío» o fue un «tiempo para mí» y resultó maravilloso. Sí, demasiado de algo bueno es... «maravilloso» como solía decir Mae West.

También traté de saber qué me importaba más en la vida y qué cosas me encantaban, de establecer un conjunto interior de prioridades para los diversos ratos de ocio. Mi «tiempo para mí» es cada vez más fundamental, porque es una forma de recargar pilas y rejuvenecerme, y siento que lo necesito físicamente a medida que envejezco. Sí, necesito mi *plage de temps*, y las largas caminatas por la mañana por el campo, cuando todo está aún dormido; un momento que es todo un lujo porque me permite recuperar las energías, además de encontrar silencio y paz interior. Es una especie de meditación a pie frente a los majestuosos Alpilles (pequeños Alpes), oliendo a jazmín y a arbustos frutales a lo largo de todos los caminos del pueblo y yendo a la panadería (¡Oh, qué aroma a las siete y media, cuando salen las primeras hornadas del día!). Esos momentos bajo el sol matutino jamás se hacen aburridos. Montar sola en bicicleta también me gusta, ya que puedes recorrer las ciclopistas que recorren campos de lavanda, campos de cultivo (estamos en una de las principales áreas de cultivo de frutas y verduras de Francia, con algunos toros entre medio), granjas con ovejas y cabras, un carreterita con una capilla del siglo XII, senderos con un riachuelo que corre a su lado y angostos caminos sombreados donde uno tiene la sensación de estar en el paraíso. Hay placeres que me hacen sentir más conectada con la naturaleza, algo muy distinto de lo que se siente en una ciudad.

Aquel septiembre, cuando regresé a Nueva York con su vibrante energía (que noto en cuanto me dirijo a Manhattan desde el aeropuerto), empecé a escribir inmediatamente este libro. Le he dado muchas vueltas y he descartado tanto texto escrito como el que he conservado.

Lo más destacable de todo esto es que renovar una ocupación, un empleo o una vocación es un anclaje importante para vivir mucho tiempo y bien, pero es una etapa y tiene episodios. Mi tercer acto como escritora ha pasado ahora al tercer acto y medio. Tengo un público que valoro muchísimo y al que intento servir compartiendo con él lo que he aprendido. En los dos primeros libros escribía como una posesa. Ahora me he convertido en una escritora que es dueña de su vida. Se trata de encontrar y adaptar el equilibrio a través de los otros anclajes necesarios para una vida saludable, y de adaptarse a las incertidumbres y oportunidades que la vida y la naturaleza te presentan a medida que acumulas años.

¿Qué trabajo hace o hará que te levantes los años posteriores a tu jubilación? ¿Cuál es tu cuarto anclaje? ¿Cómo saldrás adelante económica y logísticamente en la vida? Te confieso que tuve mucha suerte de que me ofrecieran mi otra carrera profesional, y no todo el mundo puede ser escritor. Sin embargo, todo el mundo puede encontrar otra cosa si se esfuerza, mantiene los ojos abiertos y es sincero consigo mismo (lo siento, seguramente ya haya pasado el momento de ser actriz o astronauta). Estoy convencida de ello. Puede que nos equivoquemos con lo primero que probamos... ¿Y qué? Hay que volverlo a intentar.

Un comentario (e historia) más sobre el anclaje de la «ocupación». En el capítulo sobre el ocio, pregoné el valor de los hobbies y las actividades de placer. Hay aficiones que también cumplen la función de la «ocupación». ¿Recuerdas cuando disfrutabas de tu trabajo y no tenías la impresión de trabajar? Bueno, si disfrutas haciendo lo que haces y encima te diviertes, ¿por qué no incorporarlo a tu vida como «ocupación» para que le proporcione estructura y logros? Especialmente cuando ya no has de demostrar nada a nadie. Tal vez quieras trabajar como voluntario ayudando a los demás; está demostrado que también es una actividad antienvejecimiento.

Tengo amigos en Estados Unidos, y también en Francia, que han hecho exactamente lo mismo. Convirtieron su pasión por ir a ventas de garaje y de antigüedades en un negocio como anticuarios los fines de semana. En lugar de visitar mercados y ferias al aire libre como compradores de objetos de entre diez y cien años de antigüedad cuyo precio fuera moderado, acabaron adquiriendo un inventario semiespecializado, siguen comprando encantados más de lo que les gusta y conocen, y se sitúan ahora al otro lado del mostrador como vendedores. Ellos mismos se organizan su agenda. De la primavera al otoño, eligen las ferias en las que participarán, venden unos cuantos objetos, viajan, ganan algo de dinero, pero, sobre todo, gracias a esta pequeña fraternidad de los fines de semana, salen y se relacionan con los compradores y especialmente con amigos con ideas afines.

Cuando el intercambio escolar me llevó cerca de Boston, viví con la familia de un editor de libros. El hombre tenía un pequeño hobby manual que le encantaba: restauraba sillas de rejilla. Ya fueran de la cocina de una vecina, del inventario de un anticuario o de una venta de garaje, trabajaba lenta y magistralmente reparando una silla tras otra, y las anotaba debidamente en los logros de su vida. Creo que por cada silla cobraba veinticinco dólares, es decir, cerca de veinte euros, con el propósito de que fuera una especie de encargo profesional y se reconociera así el valor de su trabajo y su talento. Estoy segura de que el dinero le iba bien para gastos, pero los beneficios que buscaba y obtenía de su afición artesanal distaban mucho de ser económicos. Cuando se jubiló y se mudó a Albuquerque, en Nuevo México, sus herramientas y sus «encargos» se trasladaron con él. Lo visité cuando pasaba ya de los noventa, y me enseñó con orgullo la silla que en aquel momento estaba devolviendo a la vida. Seguro que seguía cobrando veinticinco dólares y sonriendo para sus adentros. Vivió hasta los cien años, y cuando falleció su lista numerada de sillas restauradas era muy larga, y el taller estaba lleno de encargos pendientes.

RELIGIÓN

Un comentario final sobre anclajes y relaciones. Mucha gente recurre o recupera la religión o las organizaciones religiosas como parte de su red a una edad avanzada. Es algo perfectamente lógico y conlleva muchos aspectos positivos y saludables. Las personas con una fuerte fe rara vez se sienten solas. No me cansaré de insistir en que la fe es una constante que eleva la calidad y el tono de la vida de una persona a lo largo de las décadas.

Lo descubrí al principio de mi vida, cuando enseñaba catequesis e iba a hacer misiones con mi iglesia para ayudar a la gente del este de Europa. Hoy en día mantengo esa relación constante a través de las iglesias. Simplemente, no puedo pasar por delante de una sin entrar. He desviado de la ruta a mi marido para llevarlo a iglesias, sobre todo en Francia, Italia, Grecia y Turquía, pero también en todo el mundo a lugares de culto, mezquitas, templos budistas y otros. El escalofrío y la enorme emoción que experimento al entrar en esos lugares es algo maravilloso y reconfortante, tanto si se trata de una gran catedral como la de Notre Dame de París o la basílica de San Pedro de Roma, o algo más sentido para mí y más próximo a mi vida como es la catedral de Reims, con su Ángel de la Sonrisa, y las más pequeñas, que prefiero. Los vitrales siempre me emocionan. Las pequeñas y muy antiguas iglesias de la Provenza son mis preferidas. La Nochebuena en la abadía de Sénanque, en las afueras de Gordes, donde los monjes todavía celebran la misa y cantan en latín, posee un ambiente y una cualidad espiritual cuya hermosa sencillez es vigorizante.

Visitar lugares de culto, pertenecer a un grupo, especialmente si cuenta con actividades regulares y compartidas y con actos que se esperan con ilusión, es evidentemente más social y saludable que quedarse aislado la mayoría del tiempo. Los clubes están bien. Y pertenecer a un club o a una organización religiosa (no pretendo sugerir que sean lo mismo, pero ambos ofrecen la oportunidad de relacionarse con gente que tiene ideas afines) le dan a uno un lugar y una mayor confianza. También se puede decir sin temor a equivocarse que, en general, la gente que pertenece a grupos religiosos es bondadosa y contribuye a cuidar a quienes lo necesitan. Eso ayuda, e incluso reduce la ansiedad.

Puede que lo más destacable sea mantener una actitud positiva. Como he señalado repetidamente, está demostrado que ser optimista, e incluso considerarte joven y en forma, es fundamental para prolongar años tu vida. ¿Qué puede haber más positivo que la creencia religiosa de que hay vida tras la muerte? ¿Tienes vida espiritual? ¿Perteneces a un grupo con quien compartes inquietudes y actividades?

13

¿Y ahora qué?

«Poco a poco» significa, en la práctica, que si dispones de una lista, puedes ir añadiendo cosas después de tachar las que ya has llevado a cabo. Personalmente, yo anoto muchas ideas en pedazos de papel, pero a la larga tengo que sentarme, repasarlas y ordenarlas. Eso me recuerda los días en que hacíamos equilibrios para cuadrar las cuentas bancarias. Necesito una lista de control equilibrada.

La amiga de noventa y cuatro años que mencioné en la introducción ha fallecido. Estaba preparada y satisfecha con su vida, y murió sin sufrir. Cuando la trasladaron al hospital para su breve estancia final, llevaba la manicura perfecta. Eso da una idea de qué significa lo de «si tienes que irte, hazlo bien». Tenía una divertida forma de usar el lenguaje con frases salpicadas de sentido común con connotaciones universales que me ayudaba a valorar lo básico. Una frase suya que he hecho mía es: «Si estoy viva en junio, ya me preocuparé por ello entonces.» Vivió muchos junios, pero las últimas décadas de su vida solía usar la frase para realzar la realidad de que cuantos más años tenemos, más importa vivir el presente al estilo zen. También indica un giro hacia una filosofía abiertamente hedonista, o como expresaba en otra de sus frases: «¿A qué estás esperando?»

Esta es una de las características de envejecer con actitud positiva: recalcular las ventajas de las recompensas (o las seguridades) futuras frente a una gratificación relativamente instantánea, porque «¿a qué estás esperando?». Podría ser un viaje de vacaciones, una intervención de cirugía estética o la compra de aquella joya que siempre quisiste. Para ella, que vivía con un cerebro que cada vez renunciaba más al pasado reciente, aprovechar el momento significaba disfrutar de la primera mazorca de maíz de la temporada o de una porción de pastel de zanahoria como si fueran algo nuevo y un deleite. Le aportaban un poquito de alegría que era un placer observar. Podía sentarse en el campo y contemplar los árboles, las flores y el cielo con igual alegría y satisfacción. «No tengo que ir a ningún sitio», decía. Era su forma de expresar que quería dedicar tiempo a disfrutar de las cosas buenas de la vida.

Pero cuando pienso en las vacaciones o los viajes exóticos que hizo, me doy cuenta de su relación con la vida en el sentido más amplio. Mi amiga acumuló recuerdos que le duraron toda la vida. Muchos procedían de sus primeros años, y muchos otros, de sus exhaustivos viajes por el mundo en su madurez: «Espacios de tiempo», según Wordsworth, que «conservan una virtud renovadora». Si bien es cierto que sus últimos recuerdos fueron menos vívidos o significativos, ello no fue por una pérdida de memoria; fue porque sus últimas experiencias eran más actuales y del momento. Me percato de ello ahora, cuando viajo a un nuevo destino estupendo o voy a un nuevo y delicioso restaurante (después de toda una vida comiendo en restaurantes elegantes); la experiencia y la fuerza están en el presente. Es así como se vuelven las cosas. Vivo más en el presente y vivo más el momento. Es diferente pero igual, como me enseñó mi amiga.

Tan importante como envejecer con actitud positiva es conservar perspectivas de futuro, una forma de no perder la actitud y la personalidad, y de celebrar la imaginación en el anticuado sentido de los sueños y la fantasía. Bernard Pivot, al reflexionar sobre el hecho de que estaba envejeciendo después de que una chica le cediera el asiento en el metro, lo expresó de la siguiente forma: «Luchar contra el envejecimiento, si es de algún modo posible, consiste en no renunciar a nada. Ni al trabajo, ni a los viajes, ni a los espectáculos, ni a los libros, ni a la glotonería, ni al amor, ni al sexo, ni a los sueños. Soñar es recordar horas exquisitas tanto como podamos. Es pensar en las bonitas fechas que nos aguardan. Es dejar que la cabeza de uno deambule entre el deseo y la utopía.»

ROTUNDAMENTE TUYA

Olivier de Ladoucette, un gerontólogo, psiquiatra y autor francés, cree que los franceses se plantean el envejecimiento de tres formas básicas. Al margen de los porcentajes que señala, sus categorías son aplicables no solo a los franceses y nos ayudan a evaluarnos:

1. Según el doctor Ladoucette, el veinte por ciento de los franceses son *jugadores*. Son las personas que tientan a la suerte con adicciones y otros comportamientos nocivos: fumar, tener un sobrepeso considerable, consumir alcohol en exceso, etcétera. Son las personas que no quieren cambiar su comportamiento y afirman: «De algo tenemos que morir.» No debe de ser sencillo estar casado con un jugador ni vivir a su lado.

2. El cincuenta por ciento de los franceses son *mecánicos*. Creen que su cuerpo es algo que puede arreglarse como un coche. Si tienes la tensión arterial alta, toma pasti-

llas, pon un aditivo para cuidar tu motor..., no tienes por qué cambiar tu forma de conducir o estilo de vida. ¿Te duelen las rodillas? ¿Hacer ejercicio para fortalecer los músculos y aumentar la amplitud de movimiento? No, ¿para qué intentarlo? Basta con ponerse una rodilla nueva. Naturalmente, todos precisamos cierta puesta a punto y recurrir a los beneficios de la medicina y la tecnología contemporáneas, pero este tipo de personas (más hombres que mujeres en Francia) quieren la poción mágica y creen que hay una solución para todo lo que ellas mismas o la vida les ha infligido.

3. El treinta por ciento, según Ladoucette, son *jardineros*. En esta categoría dominan las mujeres (¿por qué no me sorprenderá?), que tienen más probabilidades de vivir más tiempo. ¿Por qué? Los jardineros observan, se escuchan el cuerpo, se anticipan y actúan.

Me encanta la jardinería. Me gusta hacer yo misma todo lo que puedo, excepto tareas aburridas como cortar el césped. Actualmente, he aceptado la idea de que si quiero flores hermosas y frutas, tengo que contratar a un profesional para que se ocupe de cargar las cosas pesadas o subirse a la escalera cuando hay que podar. Y, de vez en cuando, necesito que un experto especializado identifique y combata las plagas que afloran en mi jardín. Todavía quito las malas hierbas y barro. Lo mismo puede decirse de la forma en que abordo el envejecimiento de mi cuerpo.

Y así, ahora, he escrito un libro de jardinería, este libro, con cuestiones que te ayudarán a cuidar de tu jardín, es decir, de ti misma. Si no te gusta mi concepto del «espejito, espejito», discúlpame. Es la técnica mnemotécnica y el truco que uso para evaluar y reevaluar quién soy realmente en este momento. Las preguntas que hago directa, retórica o implícitamente en el texto son las que me ha llevado toda una vida plantear y valorar.

Te presento a continuación mi lista de control actualizada con unas cincuenta preguntas sencillas, y otras no tan sencillas, que van desde las que son holísticas, tácticas o sobre una perspectiva general hasta otras sobre si comprar un nuevo par de zapatos y con qué altura de tacón. Espero que dediques tiempo a reflexionar y que tomes algunas notas. Tal vez podrías responder a cinco o diez los próximos días y volver a leer la lista una y otra vez. Haz planes, vive mucho tiempo y bien. En mi caso, una parte fundamental de envejecer con actitud positiva consiste en sentarme conmigo misma frecuentemente para formularme las preguntas adecuadas.

¿Qué dice mi aspecto a la gente con quien me encuentro?

¿Me veo lo mejor que puedo para mi edad?

¿Qué siento sobre el hecho de envejecer y sobre mí misma?

¿Tengo relaciones gratificantes?

¿Qué puedo hacer para mejorar mi salud a corto y largo plazo?

¿Hace demasiado que no me hago un chequeo? ¿Y una revisión dental?

¿Es mi estilo de vestir el adecuado para mi edad y para mí?

¿Ha llegado el momento de desechar el bikini? ¿Y los tacones altos?

¿Cómo conservo y adapto mi estilo conforme van pasando los años?

¿Llevo gafas de sol?

¿Me pongo siempre protección solar para salir de casa?

¿Me he hidratado hoy? ¿He usado hilo dental?

¿Cómo me he cuidado el cutis esta semana?

¿Por qué quiero hacerme un (u otro) lifting?

¿Llevo el peinado adecuado para mi rostro... para quien soy ahora?

¿Utilizo los mejores tratamientos para mi cabello?

¿Estoy satisfecha con el color de mi pelo...? ¿Debería teñírmelo?

¿He incorporado suficiente movimiento a mi vida en esta etapa?

¿Cuánto ejercicio físico moderado hago? ¿Son adecuados los ejercicios?

¿Entrenamiento de fuerza? ¿Ejercicios de equilibrio estático?

¿Cómo tengo las articulaciones? ¿Qué hago por ellas?

¿Qué hago para mantener la postura erguida?

¿Subo y bajo las escaleras a pie? ¿Camino diariamente?

¿He adaptado la ingesta de comida y de alcohol a la etapa y al nivel de actividad actuales de mi vida?

¿Cómo dejo las dietas? ¿Por qué debería hacerlo? ¿Qué tienen de malo?

¿Cómo resuelvo mi relación con la comida?

¿Es tan fundamental cocinar en casa? Si como fuera, ¿cómo debería hacerlo?

¿Son necesarios los suplementos vitamínicos y de otros tipos?

¿Cuánta agua es suficiente? ¿Cuál es la «dosis» diaria adecuada?

¿Cuántos colores de alimentos como al día?

¿Como tres veces al día? ¿Me salto una comida y me atiborro en otra?

¿Suelo picar entre comidas? ¿Como cuando no tengo hambre?

¿Consumo alimentos que no me convienen o sigo prácticas alimentarias que debería saber controlar?

¿Estoy preparada para la etapa de la menopausia?

¿Entra el estrógeno en mis cálculos?

¿Me conviene un suplemento de calcio?

¿Qué hace que me levante por las mañanas? ¿Qué hará que me levante por las mañanas en los años venideros?

¿Están en regla mis finanzas a largo plazo?

¿Cuál será mi tercer acto? ¿Qué tal un tercer acto y medio?

¿Programo algo de tiempo para mí todos los días? ¿Hace mucho que no hago vacaciones?

¿Tengo vida espiritual?

¿Procuro mantener un círculo de amigos de edades diversas?

¿Tengo una red de amigos con los que puedo contar?

¿Tengo vida sexual?

¿Cuáles son los rituales que sigo al prepararme para dormir?

¿Cuántas horas duermo? ¿Son suficientes?

¿Me he reído hoy?

¿Qué entiendo por dedicarme al placer? Está bien, ¿qué otra cosa entiendo por dedicarme al placer?

MUJERES QUE ENVEJECEN
CON ACTITUD POSITIVA

Mi amiga Erin y yo nos pusimos a pensar sobre qué mujeres destacaban por envejecer con una o más de las actitudes que yo respeto y propugno. Todos conocemos personalmente a mucha gente a la que admiramos por hacer esto o aquello, comportarse de una forma determinada o tener un aspecto especial; son héroes cotidianos y modelos que seguir. A nivel mundial, encontramos sobre todo políticos y actores, y tal vez unos cuantos deportistas o celebridades de las noticias. Así que enviamos un cuestionario por internet a unos cuantos cientos de amigos con la esperanza de encontrar más ejemplos destacados de mujeres famosas cuya actitud nos sirva de inspiración.

Nos dieron unas cuantas ideas, y no terminamos con un montón de francesas destacadas. Al parecer, Juana de Arco, que vivió hace seiscientos años, no gozó de una larga vida, ya que murió en la hoguera a los diecinueve. Ahora bien, la señora Clicquot, la «viuda» de Clicquot (1777-1866), cuya historia he contado profesionalmente cientos de veces y sigue siendo famosa en Francia, es un buen ejemplo de cómo envejecer con actitud positiva, viviendo mucho tiempo y bien. Tras tomar las riendas del pequeño negocio de champán de su marido cuando este falleció repentinamente en 1806, podría decirse que se convirtió en la primera empresaria moderna. Hizo prosperar su negocio hasta que fue mundialmente famoso y se le atribuyen innovaciones tanto técnicas como comerciales que reformaron el sector. Su lema, «Una calidad... la mejor», todavía impregna y distingue la empresa, que sigue llevando su nombre.

Pero también hace mucho que murió. ¿A quién podíamos señalar hoy en día por su perspicacia en la perseverancia productiva?

La reina Isabel II de Inglaterra es longeva y cuenta con el respeto de casi todo el mundo por una vida dedicada al servicio de los demás. Al parecer se levanta y va a trabajar todos los días, década tras década. Y me encanta un rasgo suyo: según se dice, cuando se enoja, da vueltas a la alianza de casada en el dedo o comenta: «No me hace gracia.» Además, sigue saboreando el *shortbread*.

Miuccia Prada muestra su actitud no llevando nunca vaqueros (yo tampoco) y siendo diferente como intelectual de la moda (a la vez que se ha erigido en una de las diseñadoras más influyentes del mundo en la actualidad). Es de las que dice que pensar en la edad constantemente es la mayor cárcel en la que una mujer puede encerrarse a sí misma.

Catherine Deneuve es Francia. No es una corona fácil de llevar (*sex symbol*, artista, modelo de estilo de vida, icono social y más), y a lo largo de las décadas y de las etapas de su larga vida y de sus distintos aspectos, la ha lucido admirablemente (sin dejar de seducir). Es una excelente jardinera, y se comporta como una persona normal y con los pies en el suelo, aunque esté más cerca de tratarse de un ideal. Además, regularmente va a ver cómo está su madre, de más de cien años.

También está **Sophia Loren**, la estrella cinematográfica italiana, diva de primera categoría de una era irrepetible de la gran pantalla. Sigue actuando como una estrella y cuando le preguntan cuál es su elixir de la juventud, responde: «El ADN de mi madre y cuarenta minutos de ejercicio físico cada mañana sin entrenador.» Además, me gusta que confiese que la tientan todos los dulces de las fiestas pero que ha aprendido a comer equilibradamente y a contenerse para no tener que estar pendiente de su dieta durante una semana. Si se diera el capricho, supongo que al día siguiente recalcularía y redistribuiría como hago yo para compensar el posible exceso.

El sueño americano está vivo y personificado en **Sonia Sotomayor**, la primera jueza hispanoamericana del Tribunal Supremo de Estados Unidos. La historia de su vida es de leyenda: español como lengua materna; padre alcohólico de Puerto Rico que murió cuando ella tenía nueve años, y una madre algo distante, también de Puerto Rico, que era huérfana. Criada en viviendas protegidas del Bronx, en Nueva York, y diabética del tipo 1 desde los siete años, gracias a una actitud excepcional, inteligencia, formación y muchísimo trabajo ascendió hasta lo más alto de la abogacía. Sus logros y su personalidad encantadora salieron a la luz en 2009, cuando a los cincuenta y tantos años se incorporó al Tribunal Supremo. Y en 2012-2013, su potente autobiografía hizo llegar su inspiradora historia a un público más amplio, gracias a la gran acogida que tuvo el libro.

Tao Porchon posee, sin duda, una actitud positiva, ya que se consideraba a sí misma «simplemente una profesora corriente de yoga de Nueva York» seis años antes de llegar a la mágica cifra de los cien años, y seguía asegurando que bailaría y haría yoga mientras viviera.

La bailarina y coreógrafa posmoderna estadounidense **Trisha Brown** (a la que los franceses adoran) domina magistralmente el movimiento y la colaboración, como ha demostrado a lo largo de las décadas. Que bailara a los setenta y tantos años e hiciera coreografías hasta los setenta y seis es impresionante, pero todavía lo es más que, en su búsqueda de la fluidez y el movimiento puros, se mantuviera fiel a su arte mientras se reinterpretaba a sí misma de acuerdo con su edad, tanto en sus solos de danza como con su duradera Trisha Brown Dance Company.

La mujer que aparecía mencionada con mayor frecuencia en mi pequeña encuesta, porque está envejeciendo admirablemente con actitud positiva y estilo, es **Hillary Clinton**. Tanto si te gusta su manera de hacer política como si no, es evidente que se trata de una figura mundialmente respetada y la primera mujer de la historia a la que se ha aceptado por sus méritos como candidata encomiable a la presidencia de Estados Unidos. Ha vivido su espectacular vida en público con dignidad y ha mostrado una extraordinaria ética profesional durante décadas.

Entre las mujeres dedicadas a la política, **Angela Merkel**, la sobria dirigente alemana, ha destacado entre las menciones de hombres y mujeres por su firme liderazgo y sus todavía más firmes ideas, que han marcado el tono y la forma de hacer política en Europa y en una nueva generación de líderes.

Michelle Obama es famosa por su brillante formación y sus valores educativos, sus brazos tonificados, sus prioridades y sus valores familiares, su jardín en la Casa Blanca y su visión y su trabajo para cambiar los hábitos alimentarios en Estados Unidos. Y, ¿quién lo iba a decir? También por su influencia en la moda. En la segunda ceremonia de investidura del presidente Obama, la ropa y el diseñador que eligió recibieron una continuada cobertura mediática.

¿Cómo no mencionar a **Meryl Streep**? Catherine Deneuve la admira por encima de todas las demás por lo que ha conseguido como actriz de su generación. Sus inigualados talentos interpretativos y lingüísticos apenas dan una idea de todas las virtudes que la han convertido en una de las actrices más solicitadas, todavía ahora, a sus más de sesenta años. Y no solo trabajando y madurando en un abanico de papeles adultos que establecieron un nuevo criterio y un nuevo modelo para las actrices y las taquillas, sino haciéndolo siempre con una dignidad y un estilo, con un aplomo, que han destacado aún más su excepcionalidad.

También admiro a la a veces rubia, a veces canosa, **Helen Mirren** por llevar su sensual imagen de la pantalla hasta cerca de los setenta años mientras imprimía un sello indeleble en actuaciones majestuosas. Además, a los sesenta y siete años fue nombrada «el mejor cuerpo del año». Eso es envejecer bien, y a ello hay que añadirle su estilo y otros talentos. Tras una permisiva vida de artista al principio, se casó a la temprana edad de cincuenta y tres años, y le gusta más ir elegante que informal... luciendo siempre una estrella tatuada en la mano izquierda.

Hoy en día no hay ninguna Coco Chanel; tal vez ya no pueda haber diseñadores transformadores, sino solo marcas, de modo que celebro la presencia de diseñadoras apasionadas e independientes como **Béatrice Ferrant**, diseñadora por excelencia de la moda de París con un estilo muy especial basado en una técnica y unos conocimientos vastísimos. En su tiendecita del distrito 6 solo hay unas cuantas prendas, todas ellas de un gusto extraordinario, de estilo minimalista. Menos es más, el tipo de envejecimiento con actitud positiva que a mí me gusta.

Zaha Hadid es la primera mujer que ha ganado el máximo honor en el ámbito de la arquitectura, el premio Pritzker de arquitectura. Es conocida por ser diferente, desafiar las convenciones y, al parecer, no seguir ninguna regla, ni siquiera la de la gravedad.

Yoko Ono destaca a gran altura para ser una mujer bajita, puesto que se ha enfrentado a las críticas más furibundas, un secuestro, la deportación y un asesinato, todo ello en público. El tiempo la ha reivindicado, y ha envejecido bien porque se ha mantenido inalterable. La han descrito como la feminista absoluta que no necesita gustarnos. Simplemente, no le importa lo que pensemos de ella como mujer. Su objetivo es intentar liberar a la gente en su obra artística y diciendo la pura verdad.

Desde luego, es imposible no admirar a **Aung San Suu Kyi** por luchar toda su vida por la democracia en Birmania, la actual Myanmar. Por supuesto, una gran belleza natural a sus sesenta y tantos años, el premio Nobel de la Paz recibido y una película importante sobre su vida contribuyeron a llevar a un primer plano sus virtudes y sus luchas.

Jeanne Moreau es un personaje y una de las actrices más consumadas de Francia, además de cantante y directora. A sus más de ochenta y cinco años sigue activa, opina regularmente y expresa juicios inteligentes y provocativos, actúa y, desafortunadamente, todavía fuma (supongo que habría que hacer la vista gorda en el caso de una persona de su edad). Ha envejecido con estilo y con actitud positiva a la francesa. Mi generación la recuerda especialmente por su papel en *Jules et Jim*, pero ha participado en más de cincuenta películas y alcanzado un grueso de trabajo (1949-2012) sin igual. En *Une Estonienne à Paris* (Una dama en París), un elegante drama con tintes de comedia de 2012, su enorme carisma nos recuerda que la belleza femenina no tiene edad.

Probablemente mi reconocimiento más sentido sea para alguien muy joven. No, no me refiero a mi novio de la «Introducción», sino a mi amiga **Simone**, la jovencita francesa de tres años que todavía no ha probado los alimentos procesados y que ya empezó a aprender a cocinar. Estas últimas Navidades escribió su primera carta a Papá Noel. ¿Qué aparecía en el primer lugar de su lista? Cinta adhesiva. Y cuando se encontró con Papá Noel en el Ayuntamiento local, no dudó en preguntarle si había recibido su carta y si le llevaría la cinta adhesiva. El típicamente francés Papá Noel le respondió: «Sí, Mamá Noel se está encargando de ello.» Simone quedó encantada. Su mezcla de pragmatismo y fantasía debería irle bien durante mucho tiempo.

En la famosa frase final de la obra más célebre de Voltaire, Cándido dice: «*Il faut cultiver son jardin*» («Tenemos que cultivar nuestro jardín»). Con ella Cándido está optando por el pragmatismo en lugar de por el optimismo utópico de Pangloss. Él solo lo tenía claro a medias, mientras que Simone lo tiene claro del todo. Necesitamos optimismo y pragmatismo; una actitud positiva, progresiva, y un plan realista para cultivar bien nuestro jardín a lo largo de los años.

Voltaire, que era jardinero experto en la vida y en la filosofía, lo sabía. Sabía que los jardines se basan en los sueños y en la imaginación, pero obtener un resultado estéticamente agradable exige planificación, cuidados y, sobre todo, arrancar las malas hierbas. En muchos sentidos, un jardín maduro requiere más esfuerzo y dedicación que un jardín joven. Lograr que la naturaleza luzca todos los años su mejor aspecto requiere previsión, esperanza, suerte y optimismo. Cultivar el propio jardín requiere un pragmatismo esencial con una actitud realista y, al mismo tiempo, positiva y ambiciosa. Ciertamente, Simone lo tiene muy claro. (Y recibió su cinta adhesiva.)

Feliz jardinería. Buena suerte y buena salud.

Agradecimientos

Las francesas no... escriben libros sin la ayuda de sus amigos. Este libro está lleno de consejos e historias de muchos amigos, algunos de los cuales aparecen mencionados en el texto con su nombre real y otros algo disfrazados con nombres supuestos para protegerlos de las libertades que se toma mi pluma. Gracias, queridos amigos (los mencionados con su nombre, los referenciados y los no identificados), cuento con vosotros en el futuro.

Mi agente, Katy Robbins, tiene mucha parte del mérito de haber hecho posible este libro. Un día dijo, para mi asombro: «Tu próximo libro tendría que ser *Las francesas no se hacen liftings*.» E insistió hasta que acepté, lo que me dejó con un título, un contrato firmado y un par de años para llenar el contenido. En su opinión, mi práctica forma de abordar la edad, contada a mi manera, haría disfrutar y beneficiaría a quienes ya eran mis lectores y a muchos otros nuevos. Espero que sea así. Si no, culpadla a ella por el título y a mí por todo lo demás. De hecho, tengo la suerte de contar con lectores que me animaron a escribir este libro cuyas vidas están en contacto con la mía de muchas formas. *Merci*.

En el transcurso del proceso de escritura de mis libros, he tenido la fortuna de formar un equipo que respeto y con el que puedo contar. R. Nichols, «Nick», ha aportado su ingenio y sus maravillosas ilustraciones a todos mis libros y les ha otorgado una identidad visual que valoro y aprecio. Erin Jones Eichenstein ha vuelto a ayudarme con el manuscrito, leyendo los borradores iniciales y haciéndome sugerencias, añadiendo datos y mejorando ciertos aspectos, sin dejar de animarme. También lo ha hecho Sarah Hearn Morrison, quien además de ser una lectora inicial del texto, probó las recetas y captó algunos detalles de cocina franglesa que no habrían logrado su objetivo en Francia ni en Estados Unidos. Gracias de nuevo, Erin y Sarah, ¡que se casaron entre mi último libro y este!

La última incorporación al equipo es Karen Murgolo, vicepresidenta y directora editorial de Grand Central Life & Style, la editorial que publicará este y mi próximo libro. Ha demostrado ser la editora ideal para mí: organizada, eficiente, dinámica, oportuna y servicial sin resultar entrometida ni onerosa. Valoro su apoyo, ánimo y pericia.

Mi marido, Edward, ha tenido que vivir unos años con este libro casi diariamente, y que me siga sonriendo y hablando es un pequeño milagro de amor. Muy a menudo, especialmente en el desayuno y la cena, me dejaba llevar contándole mis últimas ideas, meditaciones e informaciones para el libro, y seguía con opiniones políticas y filosofando hasta tal punto que acababa diciéndome: «Interesante, pero ¿qué tiene eso que ver con envejecer con actitud positiva?» El libro es mejor gracias a su asesoramiento. Y mi vida es mejor y más enriquecedora por tenerlo como compañero a la hora de intentar envejecer con estilo y con actitud positiva.

Índice